エルトムート・ドロテーア
フォン・ツィンツェンドルフ伯爵夫人

ヘルンフート同胞教団の母

ERDMUTH DOROTHEA
GRÄFIN VON ZINZENDORF

エリカ・ガイガー［著］
梅田與四男［訳］

LITHON

わたしの子どもたちに献げる

Erdmuth Dorothea Gräfin von Zinzendorf
by Erika Geiger

The original German edition was published
as *Edmuth Dorother Gräfin von Zinzendorf*

Printed in Japan

序　文

二〇〇〇年というこの年を迎えて、わたしたちはやはりどうしてもフォン・ツィンツェンドルフ伯爵夫人エルトムート・ドロテーアのことを思い浮かべずにはおれません。彼女も——その夫と同じく——ちょうど三〇〇年まえに生まれたからです。

この夫人なくしてのツィンツェンドルフとヘルンフート同胞教団とはいったい何でありましょう！《救い主の〔望んでおられる〕事柄》のための女性協力者として、彼女はツィンツェンドルフの傍らに立ち、彼を支える言葉を語りかけ続けてきたのです。

ベルテルスドルフ農園での彼女の賢い財政管理がなかったとしたら、ツィンツェンドルフはその計画と理想を実現することは決してできなかったでしょう。彼女のおかげで彼は成し遂げることができたのです。彼女のつくった讃美歌には、その強い信仰が表現されていますが、その信仰はしばしば厳しい試みにさらされました。彼女は一二人の子どもを産みましたが、そのうちの八人の子どもが幼少期の死によって取り去られ、息子クリスティアン・レナートゥスは二五歳のとき奪い取られたのです。

この記念の年にさいして、伯爵に対してのみならず、伯爵夫人に対しても相応の敬意と評価を表すことが、わたしたち女性のとくに大切な関心事なのです。

わたしたちはエリカ・ガイガーに深く感謝しています。といいますのは、彼女が、一九九九年オランダのゼイストで行われたヘルンフート同胞教団の第四回全ヨーロッパ女性大会において行った講演で、その参加者たちに愛情に満ちた印象深い方法をもってこの注目すべき夫人の生涯への親しみを抱かせてくださったからです。その講演が本書出版の契機になりました。

多くの女性読者のみならず男性読者にも、神がどのように伯爵夫人エルトムート・ドロテーアの生涯を通して働き、彼女を祝福されたかということを、ここに上梓された本書によって明らかになるよう願っています。

二〇〇〇年一月一〇日、ニースキー

グドゥルン・シーヴェ
（ヨーロッパ・シスター大会の発起人）

日本語版への序文

エルトムート・ドロテーア・フォン・ツィンツェンドルフに関するわたしの著書が日本語訳で出版されるということは、わたしにとって大きな喜びです。というのは、三〇〇年まえに生きていたこの素晴らしい女性には、今日のわたしたちキリスト者に対してもなお語りうる若干のことがらがあるということを、わたしは信じているからです。

彼女は、言うまでもなく女性が何事も男性に従い、活動範囲が家事と家族にのみ制約されている時代に生きていました。ところが、ニコラウス・ルートヴィヒ・フォン・ツィンツェンドルフ伯爵はエルトムートに求愛し続けていたとき、夫婦が共同で神の国のために働こうという、別な着想を初めから抱いていました。夫と同じく〔ドイツ〕敬虔主義の敬虔によって影響を受けた家族のなかで成長したエルトムートは、この関心事を理解しそれに同意したのでした。

結婚後間もなく、二人の生涯をかける大きな使命が明らかになりました。すなわち、キリストの霊にあって共に生き共に働こうとする、信仰深いキリスト者の共同体の形成、すなわちヘルンフート同胞教団の設立です。そしてエルトムートは、経済的、資金的な諸問題に対する能力と組織化に対する才能とによって教団設立に必要な諸条件をととのえ、その結果として一つの入植地、整然とした一つの共同体の成立を可能にした、その女性だったのです。

教団責任者であるツィンツェンドルフ伯爵は神学的な諸問題を統括する権限をもっていました。彼はまた明確な規則と多様な職務を創設して共同体の内部組織をととのえ、家族の住居を新設し、加えて独身の兄弟たちと独身の姉妹たちとのためそれぞれに「会の家」を新設しました。

ヘルンフートにおいて、女性は男性と完全に同等に扱われる立場をえており、彼ら女性の責任者はエルトムート伯爵夫人でした。穏やかな思慮深さを身につけた彼女は助言者として請われることも多く、魂への配慮《ゼールゾルガーリッヒ》に関わる諸問題でも多くの助言を与えることができたのです。

ザクセン〔選帝侯国〕からのツィンツェンドルフ追放後、エルトムートが夫の農場の「領主権《オルツヘルシャフト》」を引き継いだので、伯爵は、のちに語っているごとく、「心からなる彼女の最初の家臣」となったのです。

同胞教団がドイツのみならず他のヨーロッパの国々においても常に新しい拠点を築くたびに、エルトムートはすべての計画立案と建造物に関与して決定的な役割を果たし、ツィンツェンドルフの命ずるまま遠方への視察旅行を引き受けました。それらがしばしば彼女を窮地へ追いやりました。とはいえ彼女は夫にとって必要不可欠な協力者であり、彼は重大な諸問題すべてについて彼女と相談していたのです。

私的な生活においては、エルトムートは多くの悲しみに耐えなければなりませんでした。彼女が産んだ一二人の子供のうちの八人は幼少期に帰天し、熱愛した息子クリスティアン・レナートゥスは二五歳で帰天しました。そのことについて彼女の手紙と日記には、こうした悲運を受け容れることができるよう、いかに激しく格闘したかが表されています。深い敬虔を表す彼女のさまざまな讃美歌は、そうした陰鬱な時期に生まれました。そのため、あるときキリストに向けられた讃美歌では、次のように歌われています。すなわち、「あなたが何かをわたしたちにあてがわれるとき、あなたは〔それを〕担うための力をもお与えなさいます……」と。

わたしは、この優れた健気な女性の伝記が日本のキリスト者たちにとっても示唆や例証となりえますように、また本書に目をとめ入手してくださる多くの読者がありますように祈っております。

エリカ・ガイガー

目　次

まえがき

一七二二年一二月二二日、一台の旅行馬車が冬のオーバーラウジッツ地方*のレーバウとツィッタウとを結ぶ街道を走っていました。ドレスデンの法律顧問官であり結婚して三ヵ月のフォン・ツィンツェンドルフ伯爵が、若い夫人エルトムート・ドロテーアのために半年まえ手に入れた自分の所領ベルテルスドルフを初めて見せようとしていたのです。若夫婦はそこでクリスマスの祝日を過ごすつもりでした。馬車には、伯爵夫人の若い侍女と伯爵の学友の一人フリードリヒ・フォン・ヴァッテヴィレも一緒に座っており、彼に対してツィンツェンドルフは、自分の農園に居を定めるようすでに提案していたのです。

＊ドイツの最も東に位置するザクセン州にある風光明媚な地方。「レーバウとツィッタウとを結ぶ街道」は前市から後市に向かって南南東に伸び両市を結んでおり、「ヘルンフート」はツィッタウの手前五キロほどのところに位置している。

伯爵夫人は、曇っていた窓ガラス越しにできるだけたくさんの風景を見ようとしていました。そこが自分の新しい居住地になると言われていたからです。オーバーラウジッツで成長したツィンツェンドルフ伯爵は、通り過ぎていくどの村、どの山や丘についても熱心に説明しました。シュトラーヴァルデの南から、彼の統治領域がはじまっていました。彼らは樹木の茂った領地を通って行きました。左には、フートベルク*の頂がそびえ立ち、そこでは、その名のごとく、家畜が放牧されていました。暗闇が思ったより早くやってきたので、輪郭さえ見分けられなくなりました。突然、旅行者たちは森のなかで一つの光がほのかに光っているのに気づきました――そこには、伯爵がまだ一度も見たことのない、一軒の小さな家が道路沿いにあったのです。彼は御者に〔馬車を〕停めさせ、だれがそこに住んでいるのか、訊ねさせました。居住者が言うには、自分たちはモラヴィア出身の信仰難民であって、農園管理人が彼らにツィンツェンドルフ伯爵の許可によりここに入植の居住地と耕地をあてがってくれたのだということでした。

ツィンツェンドルフと夫人は当然居住者のことを知っていたはずです。農園管理人が手紙のなかで彼らの来着について報告していたからです。彼らは旧ボヘミア・モラヴィア同胞一致教団**の後裔であって、故国で数百年来、自分たちの福音主義の信仰のゆえに迫害にさらされてきたのです。ツィンツェンドルフはすでに少しばかりまえ、彼らの指導者クリスティアン・ダーフィトに約束をしていました、彼らは伯爵の領地に避難所を得てもよいと。こうして彼らは伯爵の不在中に到着し、すでに一軒の家を建てていたのです。

モラヴィア人の職人たちは目のまえに領主夫妻がおられると聞いて、最初、驚きました。それから彼らは、旅行者たちが暖をとることができるよう、家のなかにうやうやしく招き入れました。伯爵と伯爵夫人は、難民たちのたどった過酷な運命、信仰への抑圧、聖書研究の秘密の集会について話を聞きました。みな深奥から心動かされて床にひざまずき、伯爵がその家と居住者たちのために心をこめて祈りました。

彼らが再び馬車に乗ると、伯爵夫人はもう一度深い同情をもってふり返りました。しかし彼女はまだ、この小さな木造家屋のなかで、ヘルンフート同胞教団設立への協力という、自身の生涯の仕事のはじまりに立ち会っていることを知る由もありませんでした。

＊　この地名は、ドイツ語で「放牧山地」という意味。
＊＊　これは、一五世紀ボヘミアに起こった宗教改革以前の教会改革運動を担ったフス派（ヤン・フス（一三六九頃～一四一五年）の宗教改革的意見を信奉する人びと）の流れを汲み、カトリック教会の迫害に耐えながら、ボヘミアやモラヴィアにおいて発展し、名付けられたもの。ルーカス（一四六〇～一五二八年）の指導によって統一が計られ、その後一五七五年、神聖ローマ皇帝マクシミリアン二世から礼拝の自由を獲得するまでになり、このときまでにすでにおよそ三世紀を生き抜いてきたのである。

じまりに出会っているのだということは夢にも思えませんでした。

第一章　青年期

エルトムーテ・ドロテーア・フォン・ロイスは、テューリンゲンのフォークトラントにあるエーバースドルフで、ハインリヒ一〇世・フォン・ロイス伯爵とその夫人エルトムーテ・ベニグナ、旧姓フォン・ゾルムス゠ラウバッハとの第五番目の子供として、一七〇〇年一一月七日に生まれました。父が早世し、そのためこの母は、長男が《成年》になるまで、彼の代理として後見統治を引き受けざるをえませんでした。彼女は意志の強い断固とした人柄で、しかも敬虔主義に報謝の念を抱いている敬虔な女性でした。ラウバッハにある両親の邸宅で《敬虔主義の父》フィリップ・ヤーコプ・シュペーナーに教えを受けたことがあり、その精神から影響を受けていました。エーバースドルフにある邸宅には、招かれた邸宅つき牧師がおり、そこでは、家の教会共同体、すなわち《館の小教会《シュロッセエクレシオラ》》が成長し、伯爵の家族と召使いたち全員がその成員に数えられていたのです。

フランケンヴァルトの外れにあり、とりわけ風光明媚なエーバースドルフの館において、エルトムーテ・ドロテーアは家族内でエルトムートと呼ばれ、人里離れているものの、敬虔主義の影響を受けた安

現在のエーバースドルフの館（写真：グドゥルン・シーヴェ）

全な雰囲気のなかで成長しました。さまざまなパーティー、ゲームやダンスといった、小さな邸宅生活でよくなされる娯楽や気晴らしは、エーバースドルフにはありませんでした。それらは、時間の浪費であり、人生の聖化を妨げる事柄であると見なされていたからです。

エルトムートは五番目の子供で、二人の姉はすでに幼いころ亡くなっていました。彼女は一歳年上の兄ハインリヒ二九世と一緒に家庭教師から教育を受けましたが、そのさい学科の選択方針は兄の教育を優先して定められました。この兄妹はギリシア語とラテン語は学びましたが、不幸にもフランス語は勉強しておらず、そのためエルトムートはのちにしばしば困難をおぼえたことでしょう。

ホーホマン・フォン・ホーヒェンアウ

幼いエルトムートにとって感銘深い思い出は、一七一一年八月から長期間エーバースドルフに滞在した、有名な巡回説教者ホーホマン・フォン・ホーヒェンアウの訪問でした。彼はドイツ中を放浪し、小さな領主の邸宅を次々に訪れて、キリストによる個人的、公的な生活の改革について説教していたのです。その呼びかけの言葉のなかで彼は、人間を神にとりわけ親密に結びつけ、それによりその人が神の動きが感じられるようになり、神もその人の動きが感じられるようになるという、鎖のイメージをくり返し用いました。

この比喩はこの少女の頭からもはや離れることのないものとなりました。エルトムートは神との生きとした関係の喜びの一部をはじめて理解したのです。これらの考察にどれほど取り組んできたか、のちに「祈り」として表現されたある詩のなかで、彼女は次のように言い表しています。

感動と熟慮をもって
私は聞き、
何とそれはあとあとまでも〔心に〕残り、

愛着と
大きな幸せが〔聞いている〕君〔すなわち私〕のものになるとの確信を
私は感じたのです。(1)

フォン・ポッティガ嬢

それから二、三年後の一七一六年、成長途上にあったこの少女に脊椎の発育障害と背中の痛みが現れました。心配する母は、娘を整形外科の治療のため有名な宮廷外科医フライアースレーベンのいるドレスデンに行かせるよう、助言を受けます。これは、伯爵夫人である母にとって憂慮を増す問題点の多い事柄でした。というのは、彼女の領地には大きな負債があるので、とりわけつましく家政をやりくりしなければならなかったからです。それなのに、ドレスデンでの治療と滞在にはたくさんのお金がかかります。さらに重大な事態だったのは、もしロイス＝エーバースドルフという高名な貴族の家柄の伯爵令嬢がドレスデンに突然現れたなら、彼女は十中八九選定侯アウグスト強公の宮廷に招待され、不道徳な宮廷社会の有害な影響にさらされることになる、ということだったのです。

しばらくの苦慮ののち、母はエルトムートを一人の忠実な使用人と一緒にポッティガ嬢という名前でドレスデンに旅をさせる決心をしました。小さな田舎の領地であるポッティガは、エーバースドルフの所有地の一部でした。エルトムートの通行許可証が発行されたその〔ポッティガという領地の〕名前は決して偽りの名前ではありませんでしたが、そのことは、どんな嘘も忌み嫌っていた敬虔な母にとって、たいへん重要なことだったのです。

とはいえやはりドレスデンの市門*では、ポッティガ嬢に思いがけない困難が生じました。その名前が貴族の登記簿に見いだせず、またエルトムートが家への手紙で書いたように、《世間でそのような名前で呼ばれているどんな家系もないので》、彼女は正式な審問を受けさせられたのです。すっかり心取り乱したこの女性たちは結局のところ、たしかに市に入るのを許されましたが、しかし翌日、市事務官の召使いがもう一度審問をしてから、《行政官邸》では〔貴族の〕全家系の情報が周知されており、もし《その裏にごまかしがある》なら、《困ったことになる》だろう、と警告したのです。はじめての知らない土地にいる、若くて経験不足であるエルトムートにとって、それは、恐れと不安になりました。

＊ 周囲を取り囲む壁をもっていた中世都市のなごりとしてあったもので、ザクセン州都出入りの門として、そこで検問がなされていたことを示す。

幸運にも、母の友人である敬虔なハッラート将軍夫人がドレスデンにいて、エルトムートと侍女の面倒を見てくれました。未登録の名前の問題はすぐに忘れ去られましたが、ハッラート将軍夫人は穏やかながらも、エーバースドルフにいる伯爵夫人を叱責せざるをえませんでした。将軍夫人がこの友人への手紙に書いたように、自分は道徳的信念からどんな《方便の嘘》も、また《極めてかすかなごまかし》さえも個人的には認めない。ドレスデンではみな自分たちの実名でひっそりと暮らすことができているのだから、そうしたごまかしはこの場合でもまったく必要ではなかったのです。なぜなら、社会の《だらしのない、最もすさんだ組織》に《参加し》ない〔ごく普通の〕人は、その社会から《まったく忘れ》られるのですから、と。[2]

この将軍夫人の庇護のもとでエルトムートはもちろん大事に扱われていました。《ほんとうのキリスト者で分別ある女性》である夫人秘書リンクも、同じくこの伯爵令嬢の幸せのために手を尽くしてくれ、エルトムートが母への手紙に書いたように、すべての遊楽から遠く離れた静かな住宅を彼女のために借りてくれたのです。

……閣下夫人〔お母さま〕は、私が窓から何か多くのものを眺めているのではないかと心配なさるには及びません。なぜなら、部屋は邸宅のなかにありますので、何も見ることができませんから。

また私はそのことについてまったく何も心配しておりませんし、この点で生じるむなしさを経験することもありえず、それで私は充分満足しているからです。……[3]

エルトムートはこのように育ちの良い娘として、人里離れた生活に完全な同意を表しました。これは母が自分のためにあらかじめ計画してくれたものだからです。母はドレスデンにおける家政の管理について手紙で詳細に説明するよう求め、また家庭教師はエーバースドルフから勉強を継続するよう監督しました。そのため、エルトムートは満足してもらえるよう充分これらのことに取り組みましたが、ドレスデン滞在の主要目的である整形外科の治療も同じように、たくさんの時間を必要としました。宮廷外科医フライアースレーベンはこの患者の《従順と行状》に対して非常に満足している様子でした。一七一六年の秋、《治療によって彼女の体、両わきと両肩がこのように同じ高さになり、ただ見るだけでは恐らく分からず、わずかに気づくか、あるいはまったく何も気づかないだろう》と、治療が成功して完了したことを宣言しました。[4]

一〇月エルトムートが心身ともに無事にエーバースドルフへ戻ってくると、母の心配は大きな喜びと安心に変わりました。彼女は最悪の状態で引き受けた伯爵領を管理するため全力を尽くす必要がありましたので、エルトムートの援助がすぐにも役立つからです。その後数年間、エルトムートは母からますます家政に協力を求められるようになりました。彼女が経済上や行政処理上の問題すべてにおいて賢明で有能であることを証明したので、母は間もなく家政の管理を彼女にゆだねることができたのです。

ベニグナ

五歳年上であった彼女の姉ベニグナは、そうした実務処理には適していませんでした。彼女はとても繊細で病気がちで、孤独のなかでイエスへの愛に身をささげることを望む神秘主義者のような女性でした。結婚や家族は彼女には考慮の対象になりませんでした。彼女はエーバースドルフを離れて、ひたすらキリストとの交わりのなかに生きることができるよう、前述の田舎の領地ポッティガに退きました。自分と内面的に心が通じている妹エルトムートのため、ベニグナはこの時期霊的指導者になりました。二人のあいだではたくさんの手紙と話が交わされました。

エルトムートはまたこの時期多くの内面的苦闘を戦い抜かなければなりませんでした。彼女は信仰の懐疑に悩まされ、生活の聖化を求めて努力し、くり返し個人的失敗を経験し、非常に苦しみました。姉はその手紙のなかで彼女に次のように励ましの言葉をかけました。《あなたができる通りにともかくおやりなさい。きっともっとうまく行くときもあるでしょう!》と。また彼女は、エルトムートが自分の人生を考察するさい、《いまだ自分は何と惨めなのでしょう》ということを見るだけでなく、むしろ《神は何と力強く寛大なのでしょう》ということをも見るよう、彼女を戒めました。(5) エルトムートはついに内的回心を体験し、自分が《今までほかの人々のなかに見て慕い求めてきた恵みを自分自身の心において》経験したのです。(6)

ハインリヒ二九世

一歳年上で深い信頼を寄せ親密な関係にある兄とも、エルトムートは盛んに文通を交わしていました。伯爵領の将来の君主であるハインリヒ二九世――多くの分家を持つロイス一族の子息たちがすべてハインリヒと名づけられ、区別のため通し番号がつけられていました――は、だれもが彼をそう呼んでいたように、《二九番目の人》であって、一七一六〜一九年教育を受けるためハレにあるアウグスト・ヘルマン・フランケのペダゴギウム〔＝教育所〕に送られ、それ以来ずっとハレにおける敬虔主義と親密な結びつきを持ち続けていました。一七一九年、彼は自分の家庭教師ボーニンと一緒に、その時代若い貴族の教育に不可欠な要素であった、いわゆるヨーロッパ諸国の《貴族旅行《グランドツアー》》を行いました。

この二九番目の人はアムステルダムで、自分と同じように貴族旅行の途上で同じホテルに泊まっていた、若い伯爵ニコラウス・ルートヴィヒ・フォン・ツィンツェンドルフと知り合いになりました。この若者たちはすぐに友情を結びました——二人ともハレにおいてフランケの生徒でしたし、二人とも宗教的諸問題に深い興味を抱いていたからです。彼らは、貴族旅行で一番人気のある目的地パリで再会しました。出発が近づいたとき、二九世は、やはりまだもう少しの期間パリに滞在したいと思っていた、この新しい友人をエーバースドルフに招待しました。

一七二〇年六月、二九世は成年に達し、その小さな侯国の統治を引き継ぐことが可能になりました。九年間摂政政治を行ってきた彼の母は、きびしい倹約と賢明な家政によって、すべての負債を返済し、彼にその土地を負債なく譲渡することに成功しました。

統治する若い領主がいまや最も緊急に必要としていたのは、その立場にふさわしい夫人でした。うちうちでこの問題は活発に討議されました。いつものように、伯爵夫人がすでに親戚関係やその女性の友人たちに慎重に探りを入れ、すでに一人の候補者を見いだしていました。あらゆる観点から絶賛されている、一七歳の、テオドーレ・フォン・カステルでした。ところが、エーバースドルフのロイス家が必要な措置を講じることができるそのまえに、パリから戻ったばかりの若いツィンツェンドルフがカステルの館に滞在し、自分のいとこであるまさにこのテオドーレに求婚している、といううわさが、彼らの耳に届いたのです。事実ツィンツェンドルフは、友人も同じくこの娘に目をつけていたとは夢にも思わず、二九世への手紙のなかで情熱に満ち溢れて彼女のことを《魅惑的で愛すべき娘(7)》であると書いていたのです。

ニコラウス・ルートヴィヒ・フォン・ツィンツェンドルフ

このニコラウス・ルートヴィヒ・フォン・ツィンツェンドルフとは、いったいどのような人物なのでしょうか。彼についてこのころエルトムートはかなり多くのことを聞き知るようになっていました。彼の父はドレスデン在住の選定侯宮廷の長官でしたが、息子の誕生後間もなく亡くなりました。母は数年のちプロイセンの将軍ナツマーと再婚し、〈軍人の妻として〉その傍らでせわしない生活を送り、たび重なる旅行を強いられていました。それゆえニコラウス・ルートヴィヒは、母方の祖母である女性代官《ラントフェギティン》ヘンリエッテ・カタリーナ・フォン・ゲルスドルフのもと、オーバーラウジッツ地方にあるグロースヘンナースドルフの館で育ちました。豊かな教養を持ち賢明な女性であるこの祖母は、信仰心の篤いキリスト者であり、ドレスデンにあるシュペーナーの仲間に属していました。彼女のもとで、ニコラウス・ルートヴィヒはすでに幼いころ、救い主との個人的な交わりを教えられ、経験し受け継ぎました。

ハレにある学校の生徒として、ツィンツェンドルフは確信ある敬虔主義的態度で知られており、キリストへの愛によってその生活を規定していました。このような高位の貴族の伯爵に牧師職はふさわしくないもので、むしろ市民階級の子息たちのためのものでしたから、家族は彼が切望する神学の学びを許しませんでした。ツィンツェンドルフは家族の意思に従ってヴィッテンベルクで法律を勉強しなければなりませんでした。彼は国家公務員になるよう期待されていたのです。

ツィンツェンドルフのエーバースドルフ訪問

一七二一年二月のある雨の日、二九世は興奮しながら、エーバースドルフの邸宅の部屋々々を大急ぎで通り抜けて母のところに行きました。速達便の配達人により、エーバースドルフから二時間離れたプラウエンの近くで旅行事故に会ったとの、ツィンツェンドルフからの手紙が届けられたからです。彼の乗った郵便馬車*がエルスター河岸で氾濫地域に迷い込み横転したのです。旅行の荷物はびしょ濡れになり、旅行者たちは持ち物が乾くまで数日間の滞在を覚悟しなければならなくなりました。そこでツィンツェンドルフは友人と会うためにこの期間を利用したいと思ったのです。彼に対して二九世は直ちにエーバースドルフへの緊急の招待状を出しました。

こうしてツィンツェンドルフはその後間もなくこの館の中庭に姿を現わし、この友人と家族の心からの歓迎のあいさつを受けました。ただしこの事態には、具合の悪い背景がなかったわけではありませんでした。というのは、ツィンツェンドルフは〔自分の求婚に対する〕テオドーレの承諾の言葉を受けるためカステルへの途上にあったからです。彼はグロースヘンナースドルフからやって来ました。そこで彼は、テオドーレとの結婚についての同意を祖母である女性代官ヘンリエッテ・カタリーナ・フォン・ゲルスドルフに懇請するつもりでした。しかし祖母は若い二人が近い親戚関係にあることに懸念を抱いていました。つまり、ツィンツェンドルフの亡くなった父はテオドーレの母の兄弟だったのです。

そのうえこの女性代官は、テオドーレをロイス伯爵夫人にその息子の婚約者として推薦していた、友人女性たちの一人でもあったのです。ツィンツェンドルフは、自分がよりにもよって親友の結婚プランを混乱させるに違いないという、打ち明け話にたいへん困惑してしまいました。しかし彼は、テオドーレがいままでずっと承諾の返事をためらってきているとはいうものの、彼女にたいへん夢中になっていたのです。直ちにカステルに戻るのは、それだけいっそう彼には急を要することのように思えたのです。

＊　当時、郵便物や旅客を運んだ、乗り合い馬車のこと。

しかもこの事故は、彼がこの旅で立ち寄るつもりのなかった、エーバースドルフからほんとうに近いところで起こったのです！　若い敬虔主義者〔ツィンツェンドルフ〕にとって、郵便馬車が横転したのは決して偶然ではなく、むしろ彼は、エーバースドルフへ自分の歩みを導くため、より高い力によって引き留められたのだと確信したのです。

そのためこのようにしてエルトムートは一七二一年二月、若いツィンツェンドルフを知ることになりました。彼女は、自分の兄がこの友人を夢中でほめるのが理解できました。なぜなら、この伯爵は魅力的な人柄と申し分のない作法を身につけた青年であり、活気に溢れて刺激的で、どの会合でもその中心的存在だったからです。

友人家族のなかでツィンツェンドルフはにわかには信じがたい心地良さを感じていました。彼は、ホーホマン・フォン・ホーヒェンアウの影響のもとで《教化共同体また生活共同体》として形成されていた、その小さな館の教会共同体に魅了されてしまいました。それは、さまざまな立場の教会的な諸見解や諸傾向に対して開かれていましたが、《完全にイエスとともにあり、またイエスにあって生きるという姿勢》によって、すべての人が団結していました。(8)　最初の計画に反してツィンツェンドルフは滞在期間を二週間に延長しました。

テオドーレ・フォン・カステルという話題は、はじめは困惑させることでしたが、結局のところ少しもはばかることのないものになりました。しかし、ツィンツェンドルフは郵便馬車の経験によってとても動揺し、あれこれ思い悩んでいました。そのうえ彼は、テオドーレが《はい》と言ってくれるだろうという可能性を、二、三週間まえほどのようにはもはや思えなくなっていました。それに加えてさらに、この結婚に対する祖母の反対があり、また何と言ってもやはり、自分が妨げとなってきた、テオドーレへの〔求婚が受理されるという〕この友人の希望がありました。ついに彼は、二九世と一緒にカステルに旅行し、テオドーレに二人の求婚者のどちらかを選ばせ、それを神の御意として受け容れよう、という雅量ある提案をしたのです。

その後間もなく、テオドーレがハインリヒ二九世・フォン・ロイスと婚約したという、知らせがエーバースドルフに届きました。ツィンツェンドルフの不在中、テオドーレには彼との結婚を選ぶことはできないだろうことが、はっきり分かるようになっていたのです。それに対し若いロイス伯爵が彼女の心をすぐさま獲得したのです。

もちろんツィンツェンドルフは深く失望し悲しみました。にもかかわらず彼は、これまで娘婿と見なしてひいきしてくれたテオドーレの母のもとで、この友人に肩入れしようと努力しました。しかし彼は、これらの出来事の経緯のなかで働いていると思われる、神の摂理に服従することができるよう、ひどくもがき苦闘しながら進まなければなりませんでした。彼はエーバースドルフ家の人々に対して心から感謝する義務をすでに負っていると感じながら、彼らのなかに慰めを探し求めました。意外なことにエルトムートは一七二一年三月五日、すなわちカステルでの婚約の日の日付の一通の手紙をツィンツェンドルフから受け取ったのです。

あのように世にも愛らしいいとこを諦めるのは僕の古いアダムにとってさすがに少しつらいことでした。しかし愛である天の父が必要とするものを僕のためにも……配慮してくださることでしょうし、必要なら、僕にもう一度何か良いものを授けてくださるでしょう。(9)

この文面をエルトムートはどう受けとめればよいのでしょうか。すでにこの手紙のなかに彼女への愛情のこもったほのめかしが含まれていたのでしょうか。いずれにせよ、ツィンツェンドルフはそれから二ヵ月間エーバースドルフで過ごし、年老いたロイス伯爵夫人が心から歓迎してくれましたが、彼女としてはテオドーレをめぐる事柄に対しての彼の雅量ある態度を褒めることはできませんでした。エーバースドルフでのこの二ヵ月間の滞在のあいだ、エルトムートとルートヴィヒ・フォン・ツィンツェンドルフとは、テオドーレへの思いにすっかり夢中になっていた彼の最初の訪問のときよりも、お互いをもっと良く知るようになりました。

とはいうものの、最初彼に深い印象を与えたのは、《孤独な伯爵令嬢、神の乙女》であるベニグナと、彼女のイエスに対する神秘的な愛でした。ツィンツェンドルフがキリストへの親しい個人的なつながりにあるようになったのは子供のときからでしたが、それがここエーバースドルフにおいてベニグナの影響のもとで新たな性質を得るようになったのです。《私はエーバースドルフで中心点を見いだしました》、《私は救い主のお姿を知るようになることが許されましたが、私の教師はベニグナ・フォン・ポッティガでした》と、のちにツィンツェンドルフが打ち明けている通りです。わたしたちがふだん敬虔主義においてときおり経験している通り、彼にベニグナの敬虔に対する好感をもたらしたもの、それが彼女の魅力なのであって、それには打ちひしがれた悔恨や憂鬱な気持ちは何もありませんでした。イエスに対するベニグナの愛からはむしろ《至福と呼ばれる喜び[10]》が輝いていたのです。

優雅なエルトムートにはもう少しこの世らしいところがあり、家政を預かって、使用人たちと客人たちすべてから《非常に愛され重んじられて》いました。彼女は《平均より少し背の低い》愛らしい人で、その若い頃の肖像画に表れているように、好感の持てる、賢い、エネルギッシュな顔立ちでした。会合のなかで彼女はどちらかといえば物静かで、自分から《気のきいた面白いことは少しも》言わず、むしろ《他の人々の上機嫌を見て》喜んでいたのです[11]。

16 歳のロイス伯爵令嬢エルトムート・ドロテーア

エルトムートにとってもベニグナは《教師》であって、キリストに対する深い愛を共にしてもいました。エルトムートとツィンツェンドルフとのあいだには長い宗教的な会話がありました。エルトムートの《細やかな心情》[12]に彼はますます魅了されるようになりました。彼女は《利発で快活な精神とだれに対しても変わらない優しい接し方とにおいて礼儀正しくかつ麗しく》、しかも彼女には《善良さと賢明さに関する世間一般の賞賛》があるのです、と彼は自分の母への手紙に書いています[13]。彼女を妻にしたいという願いが彼のうちに起こったのは決して不思議なことではありませんでした。しかし、新たな結婚プランの時期はまだ熟しておらず、そのうえエルトムートはとても慎重な態度をとっていました。ツィンツェンドルフは自分の意思を明らかにすることなく出発しました。

ツィンツェンドルフの計画

続く数ヵ月エルトムートは、自分の将来の展望が徐々に明らかになっていると、ツィンツェンドルフから再三再四便りをもらいました。祖母の切なる願いで、彼はドレスデン領邦政府で法律顧問としての官職を引き受けなければなりませんでした。そこは、彼には個人的にまったく気に入らないところでした。なぜなら、選定侯宮廷での〔人々の〕行状について、さまざまな悪いことがうわさされていたからです。しかし、祖母ヘンリエッテ・カタリーナ・フォン・ゲルスドルフが、グロースヘンナースドルフ近くの農園ベルテルスドルフをとても好都合な価格で彼に売却すると提案し、それにより、ドレスデンでの公職という苦い丸薬を彼にとって甘いものにしたのです。

これにより、若いツィンツェンドルフは田舎の領地すなわち《貴族の領地》をきっと所有することができるでしょう――将来の夢の一つが彼のためにきっと実現することでしょう！　自分自身の貴族の領地のなかに彼は、《館の小教会》、すなわち、同じ考えを持つキリスト者たちからなる共同体、エーバースドルフにあるものによく似た、救い主に仕える家の教会共同体をきっと設立することができるでしょう。この将来像のなかの主婦として、エーバースドルフの精神のなかで育てられた、エルトムート以上にふさわしい人はだれもいませんでした。

エルトムートへの求婚

とはいうものの、エルトムートはこのころまでツィンツェンドルフの手紙に返事を出さず、彼との文通を自分の母とエーバースドルフの邸宅で尊敬される地位にあった執事ボーニンとにゆだねていました。ボーニンはこの伯爵令嬢と結婚するというツィンツェンドルフの計画に対する熱心な支持者でした。ハインリヒ二九世も自分の母のところでこの友人のために尽力しました。言ってみればツィンツェンドルフが自分を助けて花嫁を得させてくれたのですから、大変な恩義を感じていたのです。しかし、年老いた伯爵夫人は自分の娘に強い愛着を持っており、エーバースドルフからあまり遠く離れたり、ましてや罪深い都市ドレスデンになど行かせたりしたくありませんでした。彼女は、エルトムートの〔洗礼の〕代母であるブラウンシュヴァイク＝ヴォルフェンブュッテル公爵夫人に、自分はこの結婚に同意すべきかどうか、助言を求めました。なぜなら、彼女には《ドレスデンというところはあまりにも不快であり、私の子どもも自分にとってあまりにも空虚で危険な場所と分かるはずですから、私はいまのところまだそれに賛成であるよりもむしろ反対なのです》。公爵夫人はロイス伯爵夫人のためらいを理解しましたが、《結婚をやめさせるよう忠告する》ことはできませんでした。たしかに彼女は、ドレスデンが《好ましくない》〔都市〕である、《けれども神は最悪の世界においてさえあらゆる害悪から人をお守りになることができます》ということも承知していたからです(14)。公爵夫人のこの重みのある言葉が、エルトムートの母が少しずつ考えを変えるために少なからず寄与したのです。

エルトムート自身は驚くほど消極的な態度をとり、《小羊のように静か》でしたから、ボーニンはツィンツェンドルフに次のように手紙を書きました。《あなたは恐らくただ神の導きとお母さまにお任せになるでしょう。しかし、彼女は殿下についての話しをほんとうに喜んで聞いておられ、あなたさまが嫌いでは決してありません……》[15]と。ツィンツェンドルフが、《〔筆〕無精ですが、それでも愛すべき伯爵令嬢エルトムート》は自分の手紙に返事をくれない、と彼女の母に苦情を訴えたとき、彼女は、エルトムートは自分の《醜い筆跡》であなたを《煩わし》たくなかったのです、と彼に伝えてきました。[16]

一七二一年秋ようやく、ツィンツェンドルフがこの伯爵令嬢にさらに強い調子で手紙を書いて、自分の結婚の意思をはっきり伝えたとき、彼女から次のようないささかそっけなく短い手紙を受け取りました。彼女は、この思いつきはとっくの昔に忘れられていると思い込んでいたのです。

それにしましても、私は親愛なる殿下が書いてくださっていることを大変うれしく存じます。あなたさまにおかれましては、祈りのなかでまずもっとよく吟味される必要があると存じますし、私からもそうしてくださるようお願いいたします。そうすれば殿下は場合によって、別な、あなたさまにとってより良く、より有用で、より適切な考えに思い至られるかもしれないからです。[17]

しかし、ツィンツェンドルフはひるみませんでした。彼は引き続き手紙のなかで、彼を囲んで集まっている《神の子どもたち》という、ドレスデンの同じ考え方を持つ人々の小さな仲間についてエルトムートに次のように伝えました。《おぉ、愛すべき伯爵令嬢、あなたがそこにいてくださったらと、私はどれほど願っていることでしょう！》[18]。ドレスデン時代からのエルトムートの古い友人である女性秘書リンクも、この仲間に属していました。ツィンツェンドルフは、そのようにして若い伯爵令嬢にいかがわしいドレスデンが少し魅力あるもののように思わせようとし、また自分の手紙に返事をくれるよう彼女にしきりにお願いしたのです。

婚約と結婚

ツィンツェンドルフが一七二二年五月に父の遺産を現金で受けとり、ベルテルスドルフという農場を購入できてから、エーバースドルフに自ら突然現われて自分の妻になってくれるようエルトムートに頼むまで、あまり時間はかかりませんでした。求婚のさい、彼は誠実さを心がけ、自分の人生計画を彼女に分かるよう丁寧に説明して述べました。

《僕は愛すべき貴女を、全心をもって魂の底から愛していますが、しかし僕は主イエスをそれ以上にずっと愛しています》[19]。彼は夫であるとしても、自分の主の召命に従う自由を保持したかったのです。その召命がどのように見えるのか、またそれによってどこに導かれていくことになるのか、ツィンツェンドルフにはまだ決して明確ではなく、ひょっとしたら《異教徒たちのなかで、彼らに救い主を宣べ伝えるために[20]》さえ召されているのかもしれません。彼はエルトムートのなかに、《あたかも自分には夫がいないかのように夫を持つことができ、またすべてに勝ってイエス・キリストを愛する[21]》妻を見いだしたと思ったのです。彼の念頭に浮かんでいたのは《戦士の結婚《シュトライターエーエ》》であって、そこでの夫婦の個人的幸福は神の国のための共通の働きほど重要ではありません。そのうえ妻は、主への奉仕のために夫を自由に解き放つため、運営に関する責務、経済的な責務、そして家族の責務すべてを引き受けなければならないのです。

ほかの多くの女性ならきっとそうした求婚に怖じ気づいて断ったに違いありません。しかし、エルトムートはツィンツェンドルフの考えを理解し共有しました。犠牲を惜しまない彼女の心、また欠乏と断念さえ意味するキリストへの服従に対してしっかりと覚悟している彼女の心が、その考えに惹きつけられたのです。彼女はこの人の《苦難と喜びの仲間[22]》となることに同意しました。熟慮ののち、両家もこの結婚に賛成しました。

一七二二年八月一六日エーバースドルフにおいて、婚約式が挙行され、九月七日エーバースドルフの館の礼拝堂において、ニコラウス・ルートヴィヒ・フォン・ツィンツェンドルフとエルトムート・ドロテーア・フォン・ロイスとは結婚式を挙げました。《戦士の結婚》であることを考慮した上での二人の重大な了解らしく、彼らの結婚指輪の銘刻は次のようでした。伯爵夫人の指輪には、《彼を愛しましょ

ツィンツェンドルフ伯爵ニコラウス・ルートヴィヒ主催のロイス伯爵令嬢エルトムート・ドロテーアとの結婚披露パーティー：彼女の母と兄と共に。／J. V. ハイトによる油絵

う》との言葉が、また伯爵の指輪には、《なぜなら彼がまず私たちを愛してくださったから。》との言葉が刻み込まれていました。[23]

第二章　新婚時代

若いツィンツェンドルフ夫妻は結婚式ののちさらに三ヵ月エーバースドルフに滞在しました。というのは、ベルテルスドルフでは新たな所有者のために荒廃した館をまえもって修理する必要があったからです。それを委託されたのは領地の管理人ハイツでした。手紙で絶えず彼はツィンツェンドルフに仕事の進捗状況に関する最新情報を伝えました。伯爵は必要な資金を提供できませんでしたから、その進み具合は緩慢でした。ハイツは、建築労働者たちと建築材料を運んでくるよう指示されている農夫たちとに、ときどき自分の財布から支払わなければならなかったのです。

ヘルンフート

そのほかにハイツは、一七二二年六月のモラヴィア人難民到着について報告し、自分が彼らに入植のための土地を指定し耕地を与えてやったと伝えました。ツィンツェンドルフはそれについて妻と義理の兄である二九世に相談しました。彼はこの新しい入植地の事業に関して、自分の領地管理人の熱意を共有することはまったくできませんでした。というのは、もし隣接しているハプスブルク帝国からモラヴィア人亡命者たちを受け入れるなら、ドレスデンにある選定侯の行政府からあれこれ文句をつけられるであろうと予見していたからです。ロイス伯爵の支配領域にこれらの人々を入植させる方がより良いのではないだろうか、〔と考えました。なぜなら、〕その帝国伯爵領には、選定侯行政当局のいかなる権力も及ばないからです。

ツィンツェンドルフはすでに〔入植に〕適切な地所を捜し、そのことについて領地管理人に手紙を書いていたのです。ハイツはひどくいらだちました。異論を唱えるよりまえにやはり何よりもまず、ツィンツェンドルフはベルテルスドルフの近くにある入植地の現状を自分の目で見るべきであるではないかと考えたからです。ハイツはそのとき、《町が主の守りのもとにあるだけでなく、そこでは住民すべても主の守りにより頼む者たちでありますように、そのため昼夜を問わず彼らにはいかなる沈黙もありませんように》という、その未来像を抱いていたのです。[1] それゆえハイツはこの《町》を《ヘレンスフート》〔すなわち「主の守り」〕と名づけ、それがのちに《ヘルンフート》になったのです。

この管理人が熱心に報告しているように、長期にわたる何回もの鑿井《さくせい》ののち、ついに入植地の領域内に水源が見つかりました。《もし〔生きる〕手だてがまだあるのなら》、多くの人々が喜んでそこに住みつくことでしょう。ハイツは次のような確言をもって〔その手紙を〕締めくくりました、《ヘレンスフートは快適で良いところに位置している場所……です。それはすばらしい小さな町になりえるでしょう》と。(2)

ツィンツェンドルフは結局〔ロイス伯爵領への入植という〕エーバースドルフ計画をあきらめたものの、ドレスデンの領邦政府を何ヵ月も欠勤したため自分の仕事に再び取り掛かる必要があり、すぐには自分の大農場を視察に行くことができませんでした。

エーバースドルフとの別れの時は一七二二年一一月二〇日にやってきました。ロイス伯爵夫人にとって、エルトムートとの別れはとてもつらいことでした。母と娘はその後数年にわたりさかんに文通し、そのなかでエルトムートは、母の思いやり、助言、そして援助を頼りにできることを感謝していました。

ドレスデンにおいて

ツィンツェンドルフの祖母、女性代官ヘンリエッテ・カタリーナ・フォン・ゲルスドルフは、官職に就く孫の姿をどうしても見たいと思っていましたので、ドレスデンでのふさわしい住まいの面倒を見ると言ってきませんでした。彼女は市長シュヴァルツバッハ邸の《三階の表側四部屋を年百ライヒスターラー※で》賃借りし、若い夫婦のためその身分にふさわしい家具を備えてやりました。

ツィンツェンドルフが新妻エルトムートを立派な家具が充分備えられた住まいに案内したとき、彼女はその豪華さにすっかり呆然となりました。彼女は、自分たち二人が然りと決心した、キリストへの服従において引き受ける素朴で質素な生活への思いに引き比べて、突然涙が溢れ出てきました。

彼女はその新居から出した母への最初の手紙に次のように書いています、

《私の慰めとなっておりますのは、私たちにはこれらの古道具に対する責任がまったくない……ことを、神さまがご存知であられるということです》と。(3)

ドレスデン到着後間もなく、エルトムートは、ハレの学校時代から夫の竹馬の友である、スイスの男爵フリードリヒ・フォン・ヴァッテヴィレを知るようになりました。彼は銀行家でしたが、最近パリでの商取引によって多額の損失を被ったばかりでした。ツィンツェンドルフはこれを聞き、その友人をドレスデンとベルテルスドルフに強いて招待していたのです。

ヴァッテヴィレはひどく意気消沈している様子に見えました。彼は経済的な窮状だけでなく、生活と信仰の危機状態にもありました。彼は当時すでにハレで自分をその聖書の仲間や祈りの仲間に加えてくれていた友人ツィンツェンドルフからの助けを期待していました。ツィンツェンドルフとしては、ヴァッテヴィレを自分の近くに引き留めて置きたいと思ったのです。ことによると彼はベルテルスドルフでもう一度新しく出発することができるかもしれません。ツィンツェンドルフは、自分とエルトムートが一緒に一二月二二日ベルテルスドルフに向けて出発するからという理由で、彼を招待したのでした。彼らがフートベルクのふもとでモラヴィア人入植者たちと記憶に残るあの出会いを経験したのは、その旅行でのことだったのです。

ベルテルスドルフにおけるクリスマス

ベルテルスドルフはヘルンフートから南下して一五分しかかからず、そこでは、領地の管理人が伯爵夫妻とそのお供を館の中庭で迎えてくれました。自分の新しい《居城》についてエルトムートが抱いた第一印象は必ずしも魅力的なものではありませんでした。荒廃した建物はまだひどい建築工事現場のよ

※　一五六六～一七五〇年頃まで、主としてドイツで用いられた銀貨。

うに見えましたが、ハイツは領主夫妻用にせめて一部屋をどうにか居心地よく整えようと尽力してくれていました。しばらくまえから、彼はごく簡素な状態にある《館》のなかに妻と住んでいたのです。

しかし、彼らがクリスマス・イヴに降誕祭夜半の礼拝のため村の小さな教会に出かけたとき、すべてはどうでもよいことになりました。新しい牧師ヨハン・アンドレアス・ローテが――ツィンツェンドルフは彼をベルテルスドルフのために招聘することができ、しだいに彼と親しくなってゆきました――心揺り動かす礼拝式を整えてくれていたからです。そこにはツィンツェンドルフ伯爵と伯爵夫人を囲む彼らの将来の《館の小教会》の最初の会員たちがすでに集まっていました。すなわち、フリードリヒ・フォン・ヴァッテヴィレ、ハイツ夫妻、ツィンツェンドルフがカステルで知り合いになり雇い入れた音楽の才能ある農家の若者トビアス・フリードリヒ、そして姉妹二人と一緒に来ていたヨハンナ・フォン・ツェシュヴィッツです。ヨハンナはグロースヘンナースドルフで家事管理人だったとき、そこでツィンツェンドルフと知り合いになりました。これら三人のツェシュヴィッツ嬢たちは、《キリストをさらにもっと良く知るようになる[4]》ため、ベルテルスドルフへ移ってきたのです。この館の教会共同体と村の人たちの仲間としてさまざまなモラヴィア人家族が加わりました。彼らは新しい入植地からこちらの教会にやって来ていたのです。彼らはみな忘れがたいクリスマスの祝祭を経験し、自分たちを《結び合わされた小さな群れ[5]》と感じたのでした。

グロースヘンナースドルフの親族たち

二、三日のち、伯爵夫妻は馬車に乗ってグロースヘンナースドルフ[※]へ行きました。人々は首を長くして待ち受けており、二人はそこにしばらくのあいだ宿泊するつもりでした。ベルテルスドルフではやはりまだ余りにも心地よくなかったからです。エルトムートはいまや夫の故郷を知り親族たちと知り合いになりました。幼い《ルッツ》[※※]を育てあげたツィンツェンドルフの祖母と母の妹である叔母ヘンリエッテは、彼をいまだ未成年の子供のように扱っており、そのことに気づいてエルトムートは驚き憤慨しました。母への手紙で書いている通り、ドレスデンでの叔母の最初の訪問のさいすでに、彼女は《とき

※　「グロースヘンナースドルフ」と「ヘンナースドルフ」とは、ヘルンフートの南数キロメートルのところにある、同じ村を指す名前である。数世紀前までこの村は「ヘンナースドルフ」と呼ばれていたが、一九世紀になって不意に「グロースヘンナースドルフ」という名前で現れる。このため、二つの呼び名は同一の村を指しながら、並用されている。ザクセンまたオーストリアにも、「ヘンナースドルフ」という名前をもつ別な村々が存在するが、ここで言及されている「グロースヘンナースドルフ」とは無関係である。

※※　ルートヴィヒという名前を短縮したツィンツェンドルフ幼少時代の愛称。

おりの不安》の種になっていたのです。叔母は、
私に対してはとてもよそよそしく（冷淡に）振る舞われましたが、私の愛する夫に対してはこれまで通りとても軽んじて扱い、私のまえでさえ彼を叱り飛ばし、すべてのことに異論を唱えられました。私は、彼女を好きだとはとても言えません……[6]。
さしあたりヘンナースドルフでエルトムートはどんな衝突も避けようと心がけ、母に次のように知らせています、《当地の叔母は私に対してドレスデンにおけるよりも少し親切にしてくださっています……》と。祖母は《私たち二人に対してなんとかこれまでつとめて好意的に振る舞っておられます》が、しかし彼女はこの若い人たちの時間と日課を意のままに決定することができると思っていたのです。エルトムートが、新年のあと再びベルテルスドルフで二、三日過ごすという計画を表明したとき、《少なからぬ不興》を買いました。この若い夫婦は苦労してやっと領地への短時日の訪問許可を得たのです。ロイス伯爵夫人がこうした困難を耳にしたたとき、かなり憤激し、新しい親戚に対抗して自分の娘を励まそうとしました。彼女は、次のように対応すべきだと考えたのです。

〔次のことは〕やはり自らも領主である人々には少し必要なことです。そうしたさまざまな要求（要請）は慎みをもって差し控えられなければなりませんが、それと同時に〔領主として〕受けるべき当然の尊敬も相応の従順も忘れられてはなりません。私はあなたがとても内気（小心）で気が弱く、それどころか臆病でさえあるのを知っていますから、あなたにそのような出来事がいつもあることだろうと想像しています。あなたがなすべき事柄を多すぎも少なすぎもせず行えますよう、神がもう少し勇気と快活さとをあなたにお与えくださいますように。……(7)

この助言によってエルトムートの自信は強められたでしょうか。親戚たちが絶えずツィンツェンドルフについてあれこれ批判し、エルトムートにも同じ態度を要求していましたから、ヘンナースドルフでの状況は相変わらず彼女には非常に困難なままでした。

……彼らは私も一緒に彼〔＝夫〕を批判してほしいと思っておられますが、私がそうしないので、私は彼と同じ扱いを受けるのです。彼らは私たち二人に奴隷のような服従を要求（強要）なさいますが、私はもちろんこれに馴染めません。……

しかし、エルトムートはやはりこれらのやっかいな状況のなかにもいくらかよい面を見ていました。《……私たち二人はこれらすべての苦悩のもとでお互いをもっと愛するようになり、それゆえすべてのことに堪えられるようにされています[8]》と。夫婦の連帯と愛はこうしたさまざまな困難のもとで成長しました。この《戦士の結婚》のはじめにこうした宗教的感情が強められたとき、エルトムートはこの時点ではすこぶる人間らしい幸せな口調で次のように表現しています。《私たちは神に感謝して非常に楽しく一緒に暮らし、また苦楽をともにしています……[9]》。

フリードリヒ・フォン・ヴァッテヴィレ

何とか都合がつくときはいつも、伯爵と伯爵夫人はベルテルスドルフへ逃れました。ローテ牧師を囲む同じ考えを持つ人々の小さなグループが彼らにはますます大切なってゆきました。しかし、グループの一人であるフリードリヒ・フォン・ヴァッテヴィレが深い内面的な絶望と闘っているということを、みなが感じていました。彼は神の実在に関する問いに自殺を考えるほどまでにますます激しく悩まされていました。ヨハンナ・フォン・ツェシュヴィッツとツィンツェンドルフ伯爵が彼を心にかけ、彼とともに祈り、御言葉が、突然《その心に入って、新しい人がこの世に生まれ、あるいは神から生まれる》

まで、聖書を読みました。[10] そのようにしてヴァッテヴィレは《霊的誕生》すなわち回心を経験し、そのときから小さな館の教会共同体の忠実な成員になりました。彼はベルテルスドルフにとどまり、その後ヘルンフートへ移り、ツィンツェンドルフ伯爵の、そしてまた伯爵夫人の最も重要な協力者の一人になりました。のちに彼は、自分の内面的な闘いのなかでどこまでも自分を支え続けてくれた、ヨハンナ・フォン・ツェシュヴィッツと結婚しました。

その回心後間もない一七二三年の春、ヴァッテヴィレは驚愕する経験をしました。ある日、選定侯の兵士たちが戸口のまえに現れ、彼を逮捕したのです。ヴァッテヴィレは、自分の知人であるスウェーデン人の陸軍大佐が殺人を犯し、その荷物のなかにヴァッテヴィレからの一通の手紙が見つけられたということを聞き知るまで、自分に何が起こっているのか分かりませんでした。《外国人》だとの理由で、ヴァッテヴィレが選定侯の官庁で直ちに嫌疑をかけられたのです。無実が判明して彼はすぐに釈放されたにもかかわらず、この出来事はベルテルスドルフとヘンナースドルフの友人たちすべてを非常に困惑させました。よりにもよってかなり長引いた病気を耐え抜かなければならなかった伯爵夫人エルトムートもまた、《この非常に親しい心の友に対する不当で厳しい扱い[11]》にひどく困惑したのです。

領地管理人ハイツ

この領主夫妻がオーバーラウジッツで過ごしていた四ヶ月のあいだに、領地管理人ハイツに関する別な騒ぎが持ち上がっていました。ヴァッテヴィレとツィンツェンドルフはローテ牧師とハイツとのあいだを仲裁しなければならなかったのです。ハイツは聖書の諸集会を催していましたが、そこにはモラヴィア人入植者たちもヘルンフートから来ていました。ハイツはスイス生まれで改革派の信仰告白に帰属し、それらの集会において自分の教会の諸教理をあからさまに主張していたのですが、ルター派牧師であるローテは自分の教会共同体のなかでそのようなことを容認するつもりがなかったからです。

ほかの事柄においてもハイツと心を合わせてやっていくのは容易ではありませんでした。伯爵が、いや何よりもまず伯爵夫人が、領地の管理とその収益とに目を通そうとしたり、ましてや改善提案をしようとしたりすると、二人はハイツの頑強な抵抗に会いました。彼はこれまですべて独力で管理してきており、領主から何ごとかを指図してもらうつもりなどなかったからです。

伯爵夫人は、《ハイツさんはなるほど物事を理解しています》、また《彼はたいへん優秀な男性ですが、提案をほとんど受け入れてくれません[12]》と思っていました。彼女は四月に夫とともに再びドレスデンに戻らなければなりませんでしたので、領地をハイツに賃貸するという賢明な提案をしました。《とりわけ彼〔ハイツ〕自身それを好む傾向（癖）があり、それにハイツさんは事細かに言われるのを嫌うでしょうし、私たちが彼と大きな争いをすることになるでしょうから、また、私たちは今後長くそこにいることができないという理由から[13]》だったのです。

しかし、ハイツとの感情のもつれがひどくなっていったので、このプランは取りやめになりました。そしてついにこの管理人は自分から辞職を願い求めたのです。ヴァッテヴィレの側からのあらゆる調停の試みにもかかわらず、またツィンツェンドルフのあらゆる和解の申し出にもかかわらず、彼は、《邪魔にならないようにする[14]》という決心を翻しませんでした。ヘルンフートの村の住民たちと入植者たちとが先々やって来る別れを悲しみ、連れ戻そうとくり返す試みもむなしく、一七二三年夏に完成なった館の落成式の直前、この建設者〔ハイツ〕はベルテルスドルフを去り、ニュルンベルクの近郊へ移っていったのです。

経済的諸問題

ハイツの転居ののち、夫の所有地である二つの領地ニーダーおよびミッテルベルテルスドルフの指導管理を引き継いだのは、ツィンツェンドルフ伯爵夫人でした。そうなっても、一年の半分をドレスデンで過ごさなければなりませんでしたので、彼女にはそれはとりわけ難しいことでした。領地を賃貸する以外の道はなく、たとえエルトムートが可能な限り節約したとしても、わずかばかりの借地料によって都市での身分相応の家政を賄うことはほとんど不可能だったのです。最後の手段として、彼女はときどき自分の装身具を質に入れなければなりませんでした。領邦政府におけるツィンツェンドルフの法律家としての仕事はいわば名誉職でしたので、それによって収入を得ることはまったくありませんでした。

幸いヘンナースドルフの祖母がたびたびお金を融通してくれましたが、この若い〔二人の〕家政においてはほんの少しの援助でさえ相当の支えになったことでしょう。例えば、ツィンツェンドルフたちが田舎で製造された古い馬車で遠乗りに出かけるとき、都会の人々の物笑いの種にならないため、彼女はエルトムートに新しい馬車を購入するよう勧告したりもしました。あるときこの女性代官は、ツィンツェンドルフの部屋着がほとんど《すり切れてぼろぼろになっている[15]》ように見えたので、新しい衣服の手配もしてやりました。

経済的に困窮していたにもかかわらず、ツィンツェンドルフは自分の領地での大きな建設計画を抱いていたのでした。ヘルンフートの入植地が拡大したからです。最初の入植者たちのあとを追ってモラヴィアから多くの新しい難民たちがきたため、ツィンツェンドルフは一七二三年、最初の家に加えてさらに五棟の家を建てさせました。そのほか、友人たちであるヴァッテヴィレ、ローテ、そしてゲルリッツ出身の教師シェファーとともに、伯爵は若い貴族たちのための田舎の小学校の建設も計画しました。そのなかには、集会のための広間もできることになっていました。それに加えてツィンツェンドルフは、ドレスデンにおける検閲をすり抜けるため、ベルテルスドルフの教会を拡張してそこに自分の出版物のための印刷所を設立したいと考えました。これらの計画はすべて神の国のためのツィンツェンドルフの働きにとって重要な必要条件だったのです。

エルトムートはドレスデンにいたとき、諸領地で責任を担っている友人たちと絶えず文通していました。どんな些細なことも彼女に伝えられ、それに対する彼女の助言が求められました。ヴァッテヴィレはヘルンフートにおける田舎の小学校建設を指揮し、ローテはベルテルスドルフにおける教会の改築を指揮し、そしてヘルンフートで開業した医師のグートビーアは小作人たちの指揮監督になりました。伯爵夫人はあらゆる面からの金銭的要求に直面しました。

彼女は、融資を受けざるをえず、そのさい返済の可能性を厳正かつ慎重に検討しなければなりませんでした。この分野の最も重要な助言者はヴァッテヴィレでした。彼は、以前銀行家であり、金融取引に精通していたからです。

しだいに伯爵夫人はたしかな商才を発揮し、ツィンツェンドルフは非常に感嘆しました。それが彼にはまったく欠けていたからです。借金をしたことが彼には一度もなかったからでしょう。のちに彼が思い出しているのは、この創設期において《三百ターラーの債務（借金）について祈り涙を流したことだけではなく、それがわたしの妻とヴァッテヴィレとを危うく破滅させそうでもあった[16]》ということでした。

エルトムートもまた、ツィンツェンドルフが言っている通り、《庶民に代わって領地の債務を負う[17]》さい、自分の夫の大きな抵抗に打ち勝たなければなりませんでした。しかし、ツィンツェンドルフのさまざまな事業計画を実現するのは、それと同時に〔執行されていた〕彼女の勇気ある注意深い金融政策および負債対策なしでは不可能だったに違いありません。

ツィンツェンドルフとお金

ツィンツェンドルフはまるで疫病のように借金を恐れたにもかかわらず、満ち溢れるものから自由に引き出せるお大尽であるかのように、お金を扱う慎重さに大変欠けていました。言うまでもなくその結果として伯爵夫人には新たな問題が生じてきました。己を良く知るツィンツェンドルフはかつて次のように言いました、《お金と私とは互いにまったく遠く隔たった間柄である[18]》。別なあるとき、彼は次のようにも言いました、《同胞たちも私のように……お金を与えてもらうと、それはすぐになくなった[19]》と。

ツィンツェンドルフは同胞たちが困窮しているのを見ると、喜んで気前よく助けました。ヴァッテヴィレは一七二三年一二月、ため息をつきながら、ベルテルスドルフからドレスデンにいる伯爵夫人に次のように手紙を書きました。

お金の不足は閣下夫人と領主伯爵の極端な寛大さ（気前のよさ）が原因に違いありません。しかし、主による祝福が必ずそのあとに続くに違いありません。[20]

ツィンツェンドルフの義母、エーバースドルフにいるロイス伯爵夫人も、自分の義理の息子はお金を扱うことができないことをすでに経験済みでした。彼がエーバースドルフを訪問したとき、彼女はベルテルスドルフの農場のためにかなり多額のお金を彼にしぶしぶ託すほかなく、同時に心配して自分の娘に次のような手紙を書いたのです。

あなたのご主人に私は念書と交換につまらない買物のため二百ターラーを持たせますが、それに手をつけないよう、彼にきつく命じておきました。私は最初それを彼に持たせたくなかったからです。彼は……〔あなたに〕それを届けることを粛として私に約束しました。[21]

財政上の事柄はむしろ伯爵夫人に相談するほうが好いというのは、少しも不思議ではありませんでした。彼女にフリードリヒ・フォン・ヴァッテヴィレは歯に衣を着せずに次のように書きました、《旦那さまに関して、〔私が〕そのような諸問題だけを好んで処理しなければならないわけではないのですが、それらによって余りに多くの恐れを抱かせられたり、あるいは決議（決定）なしにすべてのことが〔私〕一人に任せられたりするのです[22]》。

ツィンツェンドルフの応諾と約束は、往々にして性急かつ即座に出され、その後遵守されませんでしたが、それらとまったく同様な彼の突飛な思いつきを、エルトムートはよく知りそして整理することを心得ていました。一七二六年七月、彼は、モラヴィアにある同胞教会の容認についてシュラッテンバッハ枢機卿と話すため、シュレージエン※への旅に出発しました。その旅は危険を伴うので、彼は夫人に目的地を最初秘密にしておき、ゲルリッツから自分〔の旅〕に加わるよう願い求めました。エルトムートはかなり憤慨してベルテルスドルフから次のように応えました。

ねぇあなた。私は、約束されたことをいまはいったん受け取るよりしかたがないとあえて知らないふりをしています。ですから、それは必ず上手くいくとばかり、将来におけるそうした事柄が絶対にたしかであるかのように仰らないでください。そうすればむなしく待ったり心配したりしないですみますから。それどころか私はむしろ、どのようにして出て行くことができるか分からないのですから、私がゲルリッツに出向くことをあなたがお考えになっていることに、大変驚いております。私は馬も馬車も持ってはおりません。……神が、それは有益であるとお認めになり、すべてのことを翻して、この会合〔が実現すること〕により、〔憤慨して不満をもらした〕私がかえって恥ずかしい思いにさせられるよう、お導きくださいますように。さもなければその会合によって明らかにされるのは、決して二度と執り行われることのない事業計画、空中に築かれる楼閣であると、私は考えております。……[23]

エルトムートはこのとき夫に考えを適切明快に伝えながら、それでもやはり確固不動の態度で彼に連帯し続けました。他の人々から彼が激しく非難されたとき、《そのことで》彼女がこのように言っているとおりです、《彼の身に起こっていることは、まるで私が耐えなければならないかのように、ほぼ等しく私を苦しめます[24]》。二人は実に巧く補い合っていました。彼女の冷静で調停的なやり方が、ツィン

※　オーデル川中流域両岸に広がる地方で、今日では大部分がポーランド、一部がドイツに属している。

ツェンドルフの溢れんばかりの天才的な活動とのバランスをよく保っていたのです。そして、いつも二人にとって中心にあったのは、共通の使命、すなわち神の国のための働きだったのです。

ベルテルスドルフの客たち

一七二四年末ころ、ツィンツェンドルフ夫妻は田舎にある自分たちの領地へ出かけていきました。伯爵は気前よく客たちを招待し、そのため夫人とベルテルスドルフの使用人たちは気をもむ忙しさに追い込まれました。彼らは客たちを身分にふさわしく迎えてもてなすことができたでしょうか。一匹の豚、鶏やがちょうはすぐにも太らせなければならず、山林管理人は山うずらや野うさぎは納入できましたが、牛肉、魚、ロブスターはよその土地で購入してこなければなりませんでした。それにしても伯爵夫人が何よりもまず必要としたのは、自分が質に入れておいた伯爵の銀製食器を請け戻すため、お金を借りてくるということでした！　そうした状況でさえ屈託なく愛想のよい女主人としての役割を果たすのは、エルトムートにとって簡単なことではありませんでした。

一七二五年の春は、経済的状況がことのほか悪く見受けられました。前年の凶作ののち、借地人は羊の餌の備えをすることなく、解約を申し入れて立ち去りました。その結果、冬には多くの家畜が死んでしまったからです。エルトムートはドレスデンから深刻な気分で母に次のように手紙を書いています。

人間の歩みにいつも必ず伴う経済活動において生じるように、どうやらいま私たちは多くの外的損害を被ってしまったようです。もっと気を引きしめていなければならなかったのですが、父なる神さまだけはやはり私たちをお見捨てにはなりませんでした。なぜなら、神さまの導きでお婆さまが私たちの必要とするものを買い、またお金さえも送って……くださることによって、いつも私たちを助けてくださるからです。この度のドレスデン滞在は、ほとんどすべてお婆さまが私たちに送ってくださったものだけで暮らしてまいりました。なぜなら、私たちにはベルテルスドルフからの収入がほとんどないという四半期の報告がついいましたがありましたが、このようにして〔お婆さまを通し〕神さまもまた引き続き助けてくださることでしょうから。……(25)

ドレスデンでの生活

〔夫妻には〕ベルテルスドルフとドレスデンの二つの居住地があり、しかもそれらのあいだを絶え間なく往き来するのは、相変わらず大変な問題でした。ツィンツェンドルフ夫妻はどんな贅沢も避け、また宮廷社会からはるか遠く距離を保ち続けていたにもかかわらず、ドレスデンでの暮らしは費用のかさむ事柄であり続けました。それにまたツィンツェンドルフは法律の仕事があまり気に入っておりませんでしたので、二人にはドレスデンでの暮らしがほとんど無意味に思われたのです。ドレスデンにおける伯爵と伯爵夫人との唯一の慰めは、エルトムートの母の友人ハッラート将軍夫人が設立し、将軍夫人の転居後ツィンツェンドルフがその指導を引き受けた、聖書サークルでした。しだいにこのサークルの人数が増加し、その結果、ツィンツェンドルフは日曜日ごとに、説教、祈り、讃美歌のある本格的な集会をすることができました。教会当局によってこれらの催しは監視されていましたが、長いあいだ容認されたのです。

このサークルのなかでエルトムートもまたとても居心地の良さを感じ、女性の友だちをたくさん与えられました。一七二五年一一月二五日の彼女の誕生日にツィンツェンドルフは少し特別なことを考え出し、《彼女の知り合いの、あらゆる面で最も信頼できる姉妹たちのうち一〇人》を招きました。テーブルのそばで彼は制服を着た給仕たちのなかに紛れ込み、宮廷衣服とかつらを身に着けて手ずからご婦人たちに料理を配りました。彼はのちに次のように言いました。《彼女らはたしかに誠実な市民階級の人々でした。王女なら決して給仕なんかしなかったでしょう[26]》。食事のさいの音楽にもツィンツェンドルフは心を配りました。ピアノ伴奏で一つの讃美歌が歌われましたが、それは彼が夫人の誕生日のため

ドレスデンにあるポーランド王室およびザクセン選帝侯法律顧問官の宮廷衣服を身に着けたツィンツェンドルフ伯爵ニコラウス・ルートヴィヒ／エリアス・ゴットリープ・ハウスマンによる油絵

にとくに創作したものだったのです。

ベニグナ

この素敵なお祝いの催しの数週間後、エルトムートはベルテルスドルフでヘンナースドルフの祖母の介助によって娘ベニグナを出産しました。心配にはるかに優るたくさんの愛情を胸にこの若い母親は腕の中に子供を抱きました。この子は彼女の最初の子供ではありませんでした。一七二四年八月、彼女はすでに息子クリスティアン・エルンストを産んでいたのです。当時彼女は母にそばにいてもらうため、出産に向けエーバースドルフへ行きました。しかし早くも数ヵ月後、若い両親は息子を手離さなければならなかったのです。

この二番目の子供も出生後とても体が弱かったのですが、その後強くなり、成長して両親の楽しみになりました。祖母は自分の〔孫の嫁である〕《義理の孫娘》をとりわけ愛しました。エルトムートは最初の子供の出産のため《虚弱体質》に耐えて生き長らえることはないだろうという、祖母が以前した予言は、久しく忘れられていました。[27] そのうえ子供に自ら授乳することができ、このひ弱で小柄な女性がとても丈夫なことが明らかになり、世間の人々を驚かせたのです。

祖母の死

一七二六年三月、ツィンツェンドルフ夫妻はドレスデンで、女性代官ヘンリエッテ・カタリーナ・フォン・ゲルスドルフが突然亡くなったという知らせを受け取りました。直ちに二人はヘンナースドルフに向かって出発し、そこでツィンツェンドルフは祖母のために弔辞を述べました。エルトムートは大きな感謝をもってこの女性代官の親切な好意を思い起こし、自分たち二人のあいだにここ数年とても愛情に満ちた関係が発展してきたことをうれしく感じていました。彼女は母に次のように手紙を書いています。

彼女の実の子どもたちが私より優先されていたことは決してなく、多くの人々が言っておりました通り、彼女は〔彼らに対するよりも〕私に対してさらに多くの優しい愛を注いでくださっていたと思います。私は、彼女の実の子どものように、自分の喪服を用意しようと思います。……(28)

祖母の死はエルトムートにとって大きな変化を意味しました。なぜなら、いまやツィンツェンドルフには、ただ女性代官〔すなわち祖母〕の押しつけで引き受けたにすぎず、気にそまない公職のためにドレスデンであれこれ苦労する、いかなる理由もなくなったからです。それゆえ、彼は領邦行政府から無期限の休暇をもらいました。

この夫婦はすぐにも自分たちの田舎の領地に移れたらいちばんよかったのですが、しかしベルテルスドルフの領地はそのあいだに新たに〔別人に〕賃貸されていました。ツィンツェンドルフは、ベルテルスドルフにある自分の館を、賃借人たちの一人、自分のいとこであるゴットロープ・エーレンライヒ・フォン・ゲルスドルフに住まいとして貸していたのです。代わりとしてたしかにヘルンフートに新しい《領主の邸宅》が建築中でしたが、完成にはまだ先の一七二七年までかかったのです。ようやく六月一五日にこの伯爵家族はヘルンフートに入居することができました。これによって、エルトムートにとっての生涯の新しい時期がはじまったのです。

第三章　ヘルンフートの女性協力者

ツィンツェンドルフはすでに一七二七年の復活祭からヘルンフートに滞在していましたが、それというのは、その地でなすべきことが山積していたからです。フートベルクにあるこの入植地はこの頃およそ三〇〇人の居住者たちを擁しており、最初の入植者たちのあとを追ってきたモラヴィア人の信仰難民たちがおよそその半分を占めていました。

ツィンツェンドルフは、彼らのなかの重要な五人の人物を《熱心な教会の会員たち《キルヒェンメンナー》》と名付けていました。彼らは、一七二四年モラヴィアのツァウヒテンタル〔村〕からヘルンフートへやって来たのです。〔彼らが来た〕ちょうどその日、感銘深い式典のなかで村の小学校と集会用広間の礎石が置かれたのでした。その頃、エルトムートは感激して自分の母に次のように手紙を書いています。

神の言葉が力をもってラウジッツの人々の心のうちに語りはじめています。父なる神さまが素晴らしいこの小さな群れを集めてくだったのはたしかなのですから、私たちの貧しい小さなベルテルス

ドルフを開始するのは、その御心にかなっていたのです。……[1]

エルトムートは《モラヴィア出身の五人の人々を》次のように描写しています。彼らは、お金と財産を充分持っていましたが、それにもかかわらずそれを捨ててきた、正直で、真実で、敬虔な人々です。彼らは信仰に溢れ、神の言葉を求めて、まさしく飽くことを知らない、心からの渇望を抱いている人々なのです。彼らと話すなら、その〔話した〕ひとにとってそれが真の励ましになります。いま彼らは日雇い労働に従事して日給を得ておりますが、非常に勤勉です。[2]

さまざまな分裂

ツァウヒテンタル村出身のこれら五人の農民の息子たちは、旧ボヘミア同胞教会の慣行を、その記憶が薄れた最初のヘルンフート入植者たちよりもはるかに多くまだ良く覚えていました。これにより、モラヴィア人たちのあいだには、真のキリスト教的生活態度に関して意見の不一致があったのです。

モラヴィア人たちのほかに全ドイツから極めて多様な宗教的流れの信奉者たちが来ており、彼らは迫害のないこの地において同胞のような結びつきのなかでの暮らしを期待していました。ツィンツェンドルフは信仰心あついキリスト者たちの互いに結び合わされた共同体というものについての自分の理想をヘルンフートにおいて実現したいと思っており、それは、一つのパン種のごとく教会に集う人々のあいだに浸透すべきものでした。すなわち、《教会内の小教会》、《大教会のなかの小さな教会》ということです。彼がもともと想い描いてきたあの館の教会共同体は村の教会共同体へと拡大されることになるはずです。

しかし、意見が異なり衝突し合っていたいくつものグループがあるこの新しい入植地のなかに、救いに至る正しい道をめぐる絶え間ない紛争と論争があるというのは、決して不思議なことではありませんでした。一七二六年夏、分裂の最大の試練を法律顧問官クリューガーがヘルンフートに持ち込みました。ツィンツェンドルフの不在中、彼は改革者と称して登場し、伯爵とローテ牧師を激しく誹謗中傷して、ほぼ教会共同体全体を自分の味方に引き入れたのです。《ヘルンフートでは、まるで悪魔がすべてを一気に台無しにしようとしているかのように見えると言われている》[3]と、一七二七年一月、ゲルリッツの牧師シェファーは絶望してツィンツェンドルフに手紙を書きました。ツィンツェンドルフは領主として介入し、クリューガーをヘルンフートから追放できたにもかかわらず、彼にとっては《必要不可欠な良心の自由》[4]がすべてに優っていたので、強権的な措置を避け尻込みしてしまったのです。しかし、医師グートビーアがクリューガーの明瞭な狂気の徴候に気づいたとき、この問題は自ずと解決しました。その徴候があまりに強く現れたので、人々はクリューガーを監禁しなければならなくなったからです。発作が終わると、彼はヘルンフートから立ち去り、〔残っていた〕自分の支持者たちをさらに大きな混乱のなかに置き去りにしました。

規約

これが、ツィンツェンドルフがドレスデンでの公職を一時休職してヘルンフートでの仕事に着手したとき、直面した状況でした。彼は根気強く忍耐をもって、一人ひとりと長い対話を行い、また、すべての人が罪人であり、キリストの救済行為によってのみ救いを得ることができるということを、目の当たりにするがごとく感動的に説明し悟らせることにより、仲違いしていた人々を和解させ、相ともに一つの共同体になってもらおうとしました。

伯爵はまた、共同体に目に見える枠組みもつくろうと考えました。一七二七年五月一二日ヘルンフートの《広間》に集められた住民全体をまえにして、《規約》が読み上げられました。ツィンツェンドルフは《村の領主》として、新しい入植地の共同生活を律する、規約を公布する権利を持っていました。

しかし、彼がローテ牧師や他の人々とともに共同で起草したその《規約》が指し示していたのは、ツィンツェンドルフがヘルンフートにおいて一つの村の教会共同体を特別な仕方で創立したいということでした。それは、《キリストにおける神のあらわな憐れみによってとらえられ》た、兄弟姉妹たちによる一つの共同体になるというものでした。宗派はツィンツェンドルフにとって大した問題ではありませんでした。

ヘルンフートは……あらゆる宗教〔＝宗派〕におけるあらゆる同胞たちと神の子どもたちとの変わることのない愛のなかにあるべきものである。……(5)

一七二七年八月一三日

ヘルンフートへのツィンツェンドルフ一家の移転直後、伯爵は一七二七年七月シュレージエンへ旅行しました。旅の途上で彼はツィッタウの図書館から借りていた一冊の書物を熱心に読みました。それは、旧同胞教会の監督であり、一六七〇年オランダ亡命中に帰天した、ヨハン・アーモス・コメニウスによる《ボヘミアおよびモラヴィアの同胞の歴史》でした。ツィンツェンドルフはいまや、自分の〔領地にいる」モラヴィア人たちに伝わる古い諸伝統の軌跡を明らかにする、彼らの特性の多くをもっと良く理解することができました。帰宅後、彼はモラヴィア人たちにこの書物を紹介しました。彼らは、古い慣習を知らないまま、それらのいかに多くをヘルンフートで再び採用してきたかということに気づき、すっかり圧倒されてしまいました。彼らはそのなかに《神の指とその奇跡》[6]を見たのです。

しかし、ツィンツェンドルフのこうした努力によってもまだ、彼が熱望し祈りのなかで懇願していた、共同体は実現しませんでした。しかし、一七二七年八月一三日ベルテルスドルフにおいて、大きな突破がなされたのです。そこには、ローテ牧師によりヘルンフートのすべての人々が共同の聖餐に招かれていました。このとき、彼らは《分派主義者たちや分離》による共同体的困窮を主に申し述べ、主が彼らに《その教会の真の本性を教えてくださるよう》、主に願い求めました。[7]その聖餐式により、出席者すべてが強い感動すなわち聖霊降臨日の原始キリスト教団のような《覚醒》を経験したのです。

この聖餐礼拝をヘルンフート同胞教団[8]は自らの《霊的誕生日》としています。ベルテルスドルフの教会のなかで、これまでお互いに好感を持ち合うことのできなかった人々も胸襟を開いてすべてをゆだね合いました――さまざまな分離要因はすべて退いていったのです。《私たちは愛することを教わりました》[9]と、教団日誌に書かれています。このときから、彼らはヘルンフートにおいて《兄弟》また《姉妹》と呼び合うようになったのです。

教団の設立

エルトムート伯爵夫人はこの展開をどのように思っていたのでしょうか。はじめから彼女はヘルンフートにおける緊張と論争のすべてをともに耐え抜き、教団の重要な《聖霊降臨祭の日》を共に経験してきました。その後、ツィンツェンドルフとその協力者たちは熱心に教団内の組織化に取り組みましたが、エルトムートはそれにも意欲的に関与したのです。数え切れない協議と会議が行われました。というのは、新しい制度はすべて教団の成員たちが一緒に相談し決議しなければならなかったからです。

最も重要だったのは、すでに原始教会にありその後旧同胞教会にも導入されていた、信徒の職務でした。ヘルンフートには、長老たち、助ける人、教える人、勧告する人の担う魂の配慮に関する職務と、施し物を管理する人や病人を看護する人の担う奉仕に関する職務とが成立しました。これらと同類の職務が姉妹たちのためにも設けられました。というのは、婦人たちを高く評価していたツィンツェンドルフは、ヘルンフートでは女性にも男性たちと同じ権利を認めたいと思ったからです。彼が確信していたのは、婦人たちは男性たちよりも女性たちをより良く理解できるのだから、女性の魂の配慮は女性自身によってなされるべきであるということでした。

そのほかヘルンフートでは、教団の外の人々が陰でひどい悪口を言う機会を決して与えないよう、性の区別が意識的に尊重されました。家族の家々と並んで、《会《ケーレ》》と呼ばれる、未婚の兄弟たち、ないしは姉妹たちの住居共同体が次第に成立しました。彼らはいつも一つの家のなかに共同で住み、その一部は小さな工房を立ち上げました。

《組》

兄弟たちと姉妹たちへの〔夫ツィンツェンドルフとの〕《ペア指導》において、エルトムートは重要な地位にありました。《兄弟たちが主人である伯爵によって指導されているように、姉妹たちは女主人である伯爵夫人によって指導されている》[10]と、ある報告に書かれています。エルトムートはそのようにさし当たり姉妹たちの《責任者》であり、しばらくのあいだ彼女は《女性協力者《フォアシュテーエリン》》の職を務め、ある《組《バンデ》》の指導という課題を担当しました。その《組》がとくに彼女に向いていたからです。

《組《バンデン》》はツィンツェンドルフからすればヘルンフートにおける共同体形成のための重要な必要条件でした――この少し風変わりな名称を彼は《楽団《ミュジーカーバンデ》》という概念から導き出したのです。ここには互いに信頼し共感し合っている人々がおり、《組責任者《バンデンハルター》》のもとに小さなグループが集まっていました。彼らはあらかじめ約束して週一度決められた晩に集まりました。《組》の成員たちはグループのなかで隠し立てなく率直に自分たちの霊的生活について考えを述べ、《自分たちが気にかけ悩んでいることすべてを》互いに言い表したのです(11)。

そうした小さなグループのなかで、エルトムートのもつ魂の配慮に関する偉大な才能が実証されました。彼女は耳を傾けてよく聞くことができ、思いやりがあって、よく理解したので、彼女の賢い助言は感謝をもって受け入れられたのです。

グループの外でも、彼女は人気のある話し相手でした。例えば、彼女の義理の姉テオドーレ・フォン・ロイスはその日記のなかでヘルンフートへの訪問について報告していますが、そこで彼女は何時間もエルトムートと二人きりで過ごしたのでした。

私は彼女と私のまわりの事情すべてについていちばん良くほんとうに素直に話すことができましたので、彼女の教えも愛のなかで受け入れることができました。そのうえ私はかえって〔義妹の彼女から〕、結婚が主の御まえにいかに清く営まれるべきか、それに関することへの知見さえもらったのです。……(12)

したがってエルトムートは発展途上の教団の中心にいて、夫の仕事と完全な一体感を持っていました。しかし、二人の意見が一致していない、一点がありました。ツィンツェンドルフはキリストへの服従における《単純さ》と謙遜さという考えから身分の制約は破棄されていると見なし、教団において〔自分は〕同胞たちのなかにいる完全に〔一人の〕兄弟であると感じたいと思っていました。これに反して、エルトムートはキリスト者としての愛にもかかわらず下級階層出身の人々に対して、自分が幼年時代からしつけられてきている、伯爵夫人また貴族としての態度をそんなに素早く捨てることはできませんでした。ツィンツェンドルフの見解によれば、彼女にはまだ《心の単純さ》が不足していました。彼は、彼女がキリストへの服従において自分とともに《すべてを否定して貧しい物乞いと[13]》なっていくことを願っていました。

ある機会に伯爵夫人の慎重な態度がきわめてはっきりと現れたことがありました。ヘルンフートではくり返しキリスト教原始教会にさかのぼって話がされていましたので、ツィンツェンドルフは、イエスが弟子たちに洗足の奉仕をなさったことを記念して、その慣習を取り入れたのです。洗足は最も親しい兄弟たちよりもむしろ姉妹たちのサークルのなかで行われましたが、とりわけ指導的人物たちにとっては、教団の一人の成員のまえにひざまずき、その足を洗うことが、謙遜の真の証明とされたのです。

ツィンツェンドルフにとって洗足には《サクラメント的効果》があり、それに加わって、彼は《少し敬虔なもの、熱烈なもの、好ましいもの、単純なものを》[14]感じ、それを《非常に快く立派な行為の一つ》と思いました。しかし、はじめエルトムートには、姉妹たちの一人にこの謙遜の奉仕をすることは不可能でした。彼女のなかの、自分は貴族であるという思いがそれに抵抗していたのです。たとえ彼女の夫が彼女に《心からの願いに基づいて》それをするように頼んだとしても、彼女は、自分の自尊心をなくしてまで、する気にはなれませんでした。

エルトムートは、身分の違いがもはや通用しなくなっている、この《民主的》共同体のなかにすっかり入り切るまで、時間を必要としていました。ツィンツェンドルフが一七三一年デンマークに滞在していたとき、彼は手紙でくり返し何度も彼女に次のようにお願いしました。

……このわざを実行に移してください。団長であるあなたの夫がすでにしばしばあなたの賢明さに従ってきたのですから、あなたはいったんは夫の単純さに従い、あなたの姉妹たちの足を洗ってください。彼らから親しくあなたに話しかけるよう、ぜひ、彼らに勧めてください。……[15]

その後間もなく——このときツィンツェンドルフはいまだなお旅行中でした——、エルトムートはとても広い心を持っていたので、心からうち解けた新しい仕方で姉妹たちと交わりを持つことができるようになり、執拗に迫られることなく自ら洗足の奉仕を引き受け、姉妹たちに親しく話しかけてくれるよう申し出たのです。ヘルンフートにおいて伯爵夫人の内面的な変化は喜ばれました。教団日誌には、感激をもって次のように報告されています。

主に誓って、私たちのこの日曜日の全体集会は、それがはじまって以来どの日ともまったく異なっていました！　私たちの奥方さまである伯爵夫人はきょう、ヨハネの一三章（洗足についての物語）を丹念に説かれ、さらにまた〔私たちに〕とても親密に接してくださいました。総じてすべてが感動のなかにあります。毎日、誰かが新たなことで感動させられないなら、それはいささか珍しいことになっているのです。

また、エルトムート自身もこの新しい内面的自由を一つの進歩として経験していたことが、二人の姉妹たちを伴って行ったゲルリッツにいるシェファー牧師とその令夫人への伯爵夫人の訪問に関する別な報告に次のように示されています。

姉妹たちは……お互いに心から親しみ単純な心になりましたので、身分の低いその三人〔つまり同伴した二人と牧師夫人〕の姉妹たちはときどき、伯爵夫人さまが自分たちのそばにいらっしゃることを忘れてしまうほどでした。けれども奥方さまである伯爵夫人は神に感謝しておられました、……以前はいつもご自分が、あちこちで他者に対してあまりに親しくなりすぎることを危惧しておられましたから。……(16)

もちろん、ツィンツェンドルフもエルトムートがついに《姉妹たちのなかの〔一人の〕姉妹》となったということを知らされて喜びに溢れ、彼女の教団に対するこの新しい態度を高く評価しました。しかしまた彼は、そのことで彼女の人柄の生来の気高さが決して損なわれたわけでないということも承知していたのです。のちに彼が尊敬の念をもって彼女について述べていたのは、彼女は《あらゆる身分の人々が思慮深く現実的な理由から互いに等しくなろうと熱心に努力している教団のなかで、外面や内面のある種の高貴さ（気高さ）を(17)》保持するすべを心得ていたということでした。

家政と子供たち

教団のために働くかたわら、エルトムート伯爵夫人は規模の大きい家族の家政の面倒もみていました。客を手厚くもてなす領主の家の食卓には、毎日おおよそ二〇人がいました。貧しい人々と病気の人々には領主の調理場から食事が提供されていましたが、さらに孤児院の空腹を抱えた五〇人にもまったく同じように提供されていたのです。

伯爵夫人は当然、次のような大勢の使用人の力にもなっていました。家の執事であり、そのかたわら教団の《音楽教師》でもある、トビアス・フリードリヒ。

それから、家政婦長、三人の侍女――そのうちの一人は伯爵令嬢ベニグナの担当でした――、二人の従僕、二人の下僕（ハンガリーの民族衣装を着た使用人）、邸宅守衛、下男、洗濯女中、六人の女中、八頭の馬の御者と〔馬車の案内役となる〕先乗り……でした。

そこは〔周りから〕大宮廷のように思われていました――事実、ツィンツェンドルフはある日、彼が申告し納税したよりも多くのビールが《食卓酒》として家で消費されていないか、疑り深い質問を地方長官から受けたのです。次のツィンツェンドルフの答えから読みとれる通り、伯爵夫人はこのような勝手な憶測に憤慨しました。

地方長官殿が、何のために私の妻はそれほど多くの奉公人たちをかかえているのか、ベルテルスドルフは欺いているのか、家政に関してビール小作人たちと論争なさったということで、彼女は非常に敏感に（傷つきやすく）なっております。彼女は、それは君主に何の関係もないことですし、私たちがもっと少ない人々しか抱えていないなら、もっと少ないビールしか醸造されず、大した税金にはならなかったでしょう、と言っております。脱税（欺瞞）に対する底意ある非難は侮辱的（屈辱的）です……。[18]

それにもかかわらず、やはり相変わらずベルテルスドルフからの納税額が非常にわずかでしたので、伯爵の家政では実際それほど多くの人々のために仕事があるのかどうか、またどのように彼らすべてに賃金が支払われているのか、という疑問はもっともであるように思われました。この邸宅では《救い主の事柄が大事[19]》であるということが分かるなら、その謎は解けるのです。すなわち、使用人すべては教団の一員であり、彼らが教団のなかで用いられているという理由だけで、エルトムートは自分のさまざまな働きにたくさんの人を雇い入れてきたのです。たいていの人はまったく報酬をもらわないか、あるいはほんのわずかな報酬しかもらわず、食事と住まいだけのために働いていました。教団の多くの成員たちは長期間か短期間かいずれであれ、伯爵夫人の家政のなかで生活し働くという事態になったのです。彼女との毎日のつきあい、彼女がみなに与えるようにしている母親のような優しい心遣い、そして彼女の敬虔が、このような仕方で教団のなかに力強く作用していきました。とりわけ女性たちが多かれ少なかれ意識的に伯爵夫人を模範とするようになり、それが、姉妹たちのつき合いの作法や霊的・宗教的〔自己〕形成の点で目に見えるものとなったのです。

ツィンツェンドルフ夫妻の子供たちについてはどうでしょうか。一七二七年九月一九日、息子クリスティアン・レナートゥスが生まれました。さらに四人の子供たちをエルトムートは次の五年のうちに産みましたが、彼らはみな早くも乳児期ないし幼児期に亡くなりました。幼児伝染病や流行病とたたかうことはまだほとんどできませんでしたから、一八世紀における子供の死亡率は高かったのです。エルトムートはとても愛情に満ちた母親であり、子供たちの死は彼女に深刻な打撃を与えました。彼女は肉体的にも精神的にもつらい時期を耐え抜きました。たくさんの義務を抱えているため、自分では子供たちの面倒をみることがほとんどできず、また貴婦人というその身分の慣例にしたがって、彼女は子供たちを子守女や家庭教師にゆだねなければならなかったのです。

農場管理

ヘルンフートへの引っ越しの年、一七二七年、ツィンツェンドルフは農場オーバーベルテルスドルフを、自分の従来の所有地である農場ニーダーおよびミッテルベルテルスドルフに加えて取得することができました。それによって、彼の所有地は言ってみれば完全なものとなり、集約的で収穫の多い農場経営が可能になりました。いとこゲルスドルフとの賃貸借関係は解消されました。エルトムートはいまこそ自ら――家政と教会共同体の仕事に加え第三のより大きな職務――農場の管理を引き受けようとするのです。

フリードリヒ・フォン・ヴァッテヴィレは依然としてエルトムートの忠実な協力者であり、また農場の監督官の代理でもあり、しかもトビアス・フリードリヒが彼女の家政の補佐役だったにもかかわらず、それでもやはり彼女が全体の管理の指揮監督を行っていたのです。異なった職域のさまざまな糸が彼女のところに撚り集まっていました。彼女が全体を展望し、《〔自らの〕頭脳を用いさまざまな他者の手を通して[20]》すべてを行っていたのです。その冷静で卓越した手腕で、彼女は《さまざまな経済的取引》についての重要な決定を行い、夫に対して《その比類のない賜物によって信頼できる女性協力者[21]》となっていました。

一七二七年末、ツィンツェンドルフ家にはたしかにまだ借金がありましたが、返済の目処がついていましたので、財政状況は次第に安定化に向かっているように思われました。ツィンツェンドルフがここ数年の彼ら夫婦それぞれの財産目録を作成したとき、彼は自分には見通せていなかった財産の増加にたびたび驚きましたが、《それはもちろん理性では理解できませんが、しかしキリストの御言葉に従って理解できる[22]》ものでした。

そのさい考えなければならなかったのは、伯爵の家政の金庫から多くのお金が新たに生じた教団に流出しているということでした。最大の出費を招いていたのは孤児院で、それはかつての貴族学校の建物に組み入れられていましたが、ツィンツェンドルフは間もなくそれを再び閉鎖しました。それに加えて、ほとんどが手工業者たちに関わる問題でしたが、ヘルンフートに新しく移住してきた入植者たちはしばしば開業資金援助を必要としていたものの、彼らは間もなく自分の足で立ち、家を借りたり、購入したり、あるいは自ら新しい家を建てたりすることができるようになりました。

エルトムートへの農場の売却

薄暗い雷雲が一七三二年のはじめ、絶えず拡大し続ける入植地ヘルンフートのうえに発生しました。

ツィンツェンドルフの懸念が残念ながら現実となったのです。すなわち、ウィーンにある皇帝の宮廷が、ザクセンの選定侯またポーランドの王である、強公アウグスト※のもとに、ツィンツェンドルフについて《ボヘミアおよびモラヴィア出身の皇帝の臣民たちへの誘惑[23]》を理由にした苦情を苦々しく訴えたのです。選定侯の調査委員会がヘルンフートに現れました。伯爵は、大勢の敵対者たちがザクセンの宮廷で自分に対する追放命令を押し通そうとしている、ということを考慮に入れておかなければなりませんでした。

そうなった場合、彼の農場はどうなるでしょうか――政府は追放者の資産を没収するのでしょうか。ツィンツェンドルフはひどく心配になり夫人と相談しました。エルトムートはちょうどそのとき、自分の〔洗礼の〕代母であるブラウンシュヴァイク＝ヴォルフェンブュッテル公爵夫人が、亡くなった夫の資産から二万ターラーの贈与をするつもりであるとの知らせを受けていました。それはかなりの金額であって、負債弁済にきわめて好都合であったはずです。伯爵夫人は遺言状の規定に基づいてそのお金を自分自身の財産目録に入れさえすれば良かったのです。そこで夫妻は、ツィンツェンドルフが農場を夫

※　本書四二頁参照。フリードリヒ・アウグスト一世（一六七〇～一七三三年）のことで、ドイツのザクセン選帝侯（在位一六九四～一七三三年）でもあったが、一六九七年ポーランド王位入手という政治的理由でカトリックに改宗した、プロテスタント有力諸侯の一人であった。

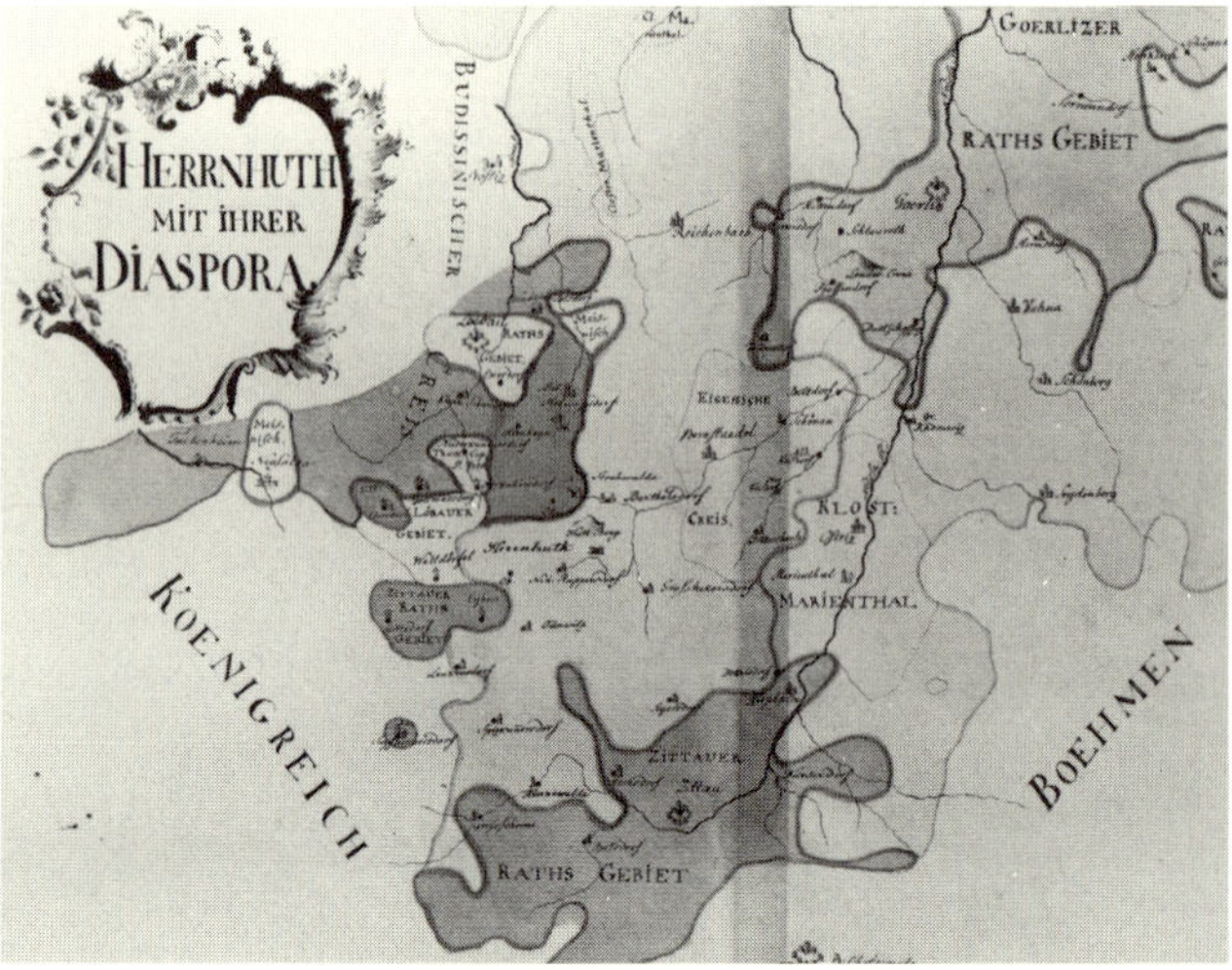

ディアスポラの居住地域を含むヘルンフートの手描きカード

人の名義に書き換えるという至極当然な逃げ道を思いついたのです。それにより伯爵追放の場合にもその財産は守られるはずだからです。

国外追放はすぐに起こりました。一七三二年一〇月、ツィンツェンドルフは選定侯から、その《不作法で怪しげな振る舞い[24]》のため三ヵ月以内にその農場を売却し選定侯国ザクセンを去ることという過酷な命令を受け取りました。

ツィンツェンドルフ夫妻がその打撃に襲われたとき準備ができていなかったというわけではありませんでした。正式な売買契約により一七三二年一一月一三日の時点でエルトムートがオーバー、ミッテル、そしてニーダーベルテルスドルフの所有者であるという取り決めがなされ、それに従って彼女は同時にヘルンフートの統治権を受け取りました。一二月一九日、伯爵夫人はヘルンフートの広間において《忠誠の誓いを受け》ました。ベルテルスドルフとヘルンフートの住民が彼女に臣民としての礼を尽くしたのです。

ツィンツェンドルフはほんとうに気持ちが軽くなったと感じていました。財産の移転手続きの期間中、彼は自分の母に次のように手紙を書きました。《私は、借金をつくるという、非常に恐ろしい困惑（当惑）を避けています。なぜなら、私もやはり殿下※のように、借金があるよりはむしろないほうが良いとあまり感じていないのですが、この恐怖（嫌悪）が遺伝によって必ずや〔私にも〕伝えられているにちがいないからです》。

伯爵夫人は、自分がいまから借金償還と農場の維持の責任を一人で担わなければならないというのに、ようやく自分で財政上の決済の自由を持つようになったことを喜んでいました。彼女は兄に次のように手紙を書きました。《これからあなたはただ私ひとりと関わり合うことになります。というのは、私の愛する主人は今後そのようなことにまったく口出ししないからです(25)》と。

一七三三年一月末、ツィンツェンドルフにヘルンフートとの別れの時がきました。教団は全員そろっ

※　高位の貴族に対する呼称として用いられる表現である。ツィンツェンドルフは再婚した母に対して礼を尽くし、尊敬を込めてその身分に相応しい呼称を用いていた（本書三五、三六頁参照）。

て集まり、全幅の信頼を彼に表明し、正式な《選任文書》によってもう一度彼を責任者に任命しました。

もっとも、ツィンツェンドルフのザクセンからのこの最初の追放はほんの短い期間のことにすぎませんでした。アウグスト強公が、ツィンツェンドルフの国外追放のわずか数週間後、一七三三年二月一日に亡くなったからです。その後継者フリードリヒ・アウグスト二世は伯爵夫人へのツィンツェンドルフの農場の売却を認め、ヘルンフートにいるモラヴィア人同胞たちの〔居住の〕容認を表明し、そしてツィンツェンドルフに帰宅を許可しました。そのあいだエーバースドルフとテュービンゲンに滞在していた伯爵は、一七三三年五月に再び家に戻ってきました。夫妻はなお二、三年ヘルンフートに一緒にいることが叶ったのです。

第四章　巡礼教団の主婦

エルトムートはツィンツェンドルフの帰還をとても喜び安堵しました。それは、ただ単に〔妻〕個人としての理由からだけではありませんでした。彼女は、経済や家政の実務問題において非常に精力的で決断力がありながらも、ツィンツェンドルフの不在中、共同責任があった教団の指導やそのために救い主の〔望んでおられる〕事柄が問題になったとき、自分にはまったく自信がないと感じていたからです。彼が帰郷の旅にあるとの知らせに応えて、これらの思い煩いについて彼女は次のように手紙に書いています。

自分のことを考えてみますと、私は主のご計画をだいなしにするかもしれない、また、主ご自身にはそれを遂行するに足るだけの力強さと賢明さが十分おありなのに、もしかしたら〔私の〕一言あるいは無言によって、その名誉を傷つけるかもしれないという、不安があるのです。けれどもあなたがここにいらっしゃるなら、私には不安がまったくなくなるでしょう。なぜなら、私も私たちもみな知っているからです。すなわち、私たちは、大きな安心を抱きながら、あなたこそ指導者であると考えているのです。……私たちは、あなたが私たちに指示なさったように、可能な限りあらゆることを行ってまいりましたし、何ごとも文書により合法であると証明することができるのです[1]。

くじ

エルトムートの言う《文書による証明》とは何のことでしょうか。ツィンツェンドルフは別れのまえ、複雑な問題はくじによって決定を下すよう教団に命じていました。

彼は、自分が救い主の近くにいることを知っており、またくじを《困難な諸事情において神の御意を知る》《神から贈られた手段[2]》と見なしていたので、彼自らが、敬虔主義のさまざまなグループのなかで従来一般に行われていたくじの習慣を、同胞教団に導入したのです。ツィンツェンドルフはたしかに《くじというもの》の危険――《まるで火の近くにいるように、火傷をするかもしれない、ということである[3]》――を知っていましたが、迷うことなく教会のこの《不思議な力[※]》に固執していましたので、最初これに大きな疑いを抱いていたエルトムートをもその〔賛同者〕仲間に誘い込もうとしたのです。

かつて彼は彼女への手紙で、自分がくじの指示に従わないでいたとき、ある事柄が自分のために適切に運ばなかったことを伝え、次のような助言をもって結んでいます。

私が望んでいるのは、私の心から愛する姉妹〔エルトムート〕が今後くじに対して忠実であり、……もっとそれを尊重するようになるということです[4]。

ツィンツェンドルフは、個人的生活の諸問題についてはもとより、何よりもまず教会共同体の事柄についてくじを用いました。彼は、これが自分の不在中においても行われ、記録して残されることを期待していました。もちろん、《くじの非凡な能力論者[5]》であるツィンツェンドルフは、極めて自由にそれを扱っていました。くじの答えが自分にとって納得できるものでないなら、彼は二回ないし三回もくじを引き、くじに対しても適切な問いをあてはめることを心得ていました。くじの実行を徐々に得心させられたエルトムートはこれに反して、いずれ分かるように、この分野で〔夫と〕同じような練達ぶりを

※　旧約聖書では「くじ」が用いられる場面が多く現れると共に預言者による批判対象にもなっているが、その意義も語られている（箴言一六章三三節、一八章一八節）。新約聖書では、「ユダ」の「使徒としてのこの任務を継がせるため」になされた「くじ」による「マティア」選出の物語がある（使徒一章二一～二六節）。

表すということは決してありませんでした。

エルトムートとツィンツェンドルフの神学

短い追放から帰還後の数年間は、ツィンツェンドルフの神学思想の発展のため、また同時に教団が進展していく方向づけのためにも、とても重要なものとなりました。というのは、ハレの敬虔主義が真のキリスト者に要求していた、回心の厳格な基本型《シェーマ》から彼が離れたからです。この真のキリスト者とは、フリードリヒ・フォン・ヴァッテヴィレが自ら〔の回心〕について語りえたこととまったく同じような、激しい《悔い改めの格闘《ブースカンプフ》》とその後の神の確信への《突破》を経験していなければならないということだったのです。自らはそうした経験を披瀝する必要のなかったツィンツェンドルフは、多大な苦悩を伴う考察ののち、回心の方法が決定的なことではなく、むしろ、自らの不完全な功績によるのではなく、キリストによる救いに対する個人的信仰という、その目標こそ重要なのである、という解放的認識に立ち至ったのです。

それゆえ、キリストとその和解の犠牲、すなわち《血と傷痕の神学》が、教会共同体の神学のいよいよ明瞭な中心になりました。それによって兄弟たちと姉妹たちはもはや《律法主義的に不安げに[6]》自分たちの生活の聖化を求めて努力する必要がなくなったので、新しい内面的自由と落ち着きを得たのです。というのは、キリストに対する信仰で満たされた人が、主に従う生活と異なる生活をするのはまったく不可能なことでしたから。

この新しく喜ばしい精神が教団のなかに広まっていくために、夫君の内面的な道を共にしてきたエルトムートは、ツィンツェンドルフがのちに強調して次のように述べている通り、重大な関心を抱くようになりました。すなわち、

　そのころ出現してきた血と傷痕の教理を、発酵したパン種として自分の集団のなかに混ぜ合わせ、部分的には自分の非常に優れた詩歌を通して教団全体に吹き込む（持ち込む）ということでした。そんなわけで彼女はその年の日々の聖句《ローズンゲン》の作成のさい、非常にていねいに手伝ってくれたのです[7]。

エルトムートは作詞家でもありました。彼女のたくさんの詩がヘルンフートの讃美歌集に収められています。ツィンツェンドルフが推賞して言及しているその詩の一つは、次のような言葉ではじまっています。《汝は丸裸にされたる罪人すべての救いと相続分〔コロサイ一章一二節参照〕……》。第二節は次のように書かれています。

真実なるもの、そは汝なり！　かくわれ汝を知りたるなり、
わが窮境のゆえにも、汝の心は苦痛に満ちたもうなり、
われこのあかしを守らんとす、
これ死に至るまでわが礎また祝なればなり……と。(8)

『日々の聖句《ローズンゲン》』

ツィンツェンドルフが語っている通り、『日々の聖句』は一七三四年すでに教団生活に不可欠な要素になっていました。最初の聖句《ローズンク》を、伯爵は一七二八年五月三日の賛美の集いで次のように伝えました。

愛が彼をかり立てた、
愛が彼を王座から引き離した、
私は彼を愛さずにいられようか。(9)

ツィンツェンドルフは、軍司令官が兵士たちに標語を与えるように、自分の《神の国の戦士たち》に日毎の標語を与えたいと思ったのです。はじめ、「聖句」は毎日指名された同胞によって口頭でそれぞれの家に届けられました。一七三一年、印刷された最初の『日々の聖句』が発行され、すぐに同胞教団以外でも広く読まれるようになりました。

ツィンツェンドルフは毎年の『日々の聖句』の内容構成を自筆で作成しました。日々の聖句は彼にとって日々の《救い主との交わり》のための重要な必要条件だったからです。深い内面的充足感を抱きながら、彼は、自分の妻がこの点でも自分と同意見であり、《日々の聖句の作成》に当たって自分を支援してくれているのを確認していました。

《戦士の結婚》という着想の更新

二人はこれまで一〇年あまりの結婚生活を送り、彼ら相互の愛は共同の働きのなかで成長していました。一七三二年、ツィンツェンドルフはエルトムートに次のように手紙を書いています。

私は、あなたのことを考えるたびに、うれしく思います。なぜなら、私たちの愛が偉大な力に包まれ日々成長しているからです。私の救い主が私の妻に実に豊かな恵みを授けてくださっているので、私はこの世で彼女よりも優れた人を知りません。[10]

それより二、三年まえ、すでにエルトムートはとてもすばらしい愛の手紙を彼からもらっていました。

私はあなたに対してこれまで抱いてきたより千倍も多い愛をあなたに抱いています。あなたは、〔私との出会いの〕初めにきっとあったであろうことを、笑って話すことでしょう。しかしあなたも知っている通り、愛とは果てしない永遠の愛なのであって、それには何千という多くの段階があるのです。試しにそれを登って、私に対して以前よりも何千倍も多い愛を抱いてください。……私はあなたから離れることができません。最愛の人よ、私の霊はあなたに捕らえられました！　神があなたを祝福してくださいますように。私に口づけをしてください！　アーメン。[11]

一七三一年一〇月、ツィンツェンドルフが手紙に書いているように、二人は《その結婚生活の一〇年目において》、自分たちは《イエス・キリストのまさしく純真な服従者となり》、この服従へほかの人々をも招き入れ、《イエス・キリストを受け入れる手助けをする》という義務を負って、正式の契約を新たに締結しました。この《最終目的[12]》のために彼らは生き、必要とされるなら、苦難と迫害に堪えようとさえ思ったのです。

したがって二人が最も大切であると思ったのは、《戦士の結婚》という当初の考えをもう一度はっきりと見えるものにし、お互いいつも喜びをもって神の国のための奉仕を第一にするということだったのです。

《聖職身分》

ツィンツェンドルフにはこの〔神の国のための〕奉仕についての自分なりの特別な考えがありました。それは、すでに少年時代からの大きなあこがれであって、《公にキリストを伝えること[13]》でした。しかし、彼の家族は身分を考慮して彼に神学研究と牧師職を厳しく禁じてきたのです。いままでは、教会共同体の責任者として国のあちこちを旅行しさまざまな集会を催しながら、彼はいつも聖職の全権委任があればよいのにと思っていました。彼が、神学の試験を受けて聖職に任ぜられたいという、心からの願いについてエルトムートと話し合ったとき、彼女は最初強く反対しました。彼女は自分たちと同じ身分の人の偏見――高位貴族の伯爵というものは牧師という市民階級の職業についてはならない！――を知っていて、彼の身に起こるであろう、あらゆる不快なものを《予測した》のです[14]。教団の長老たちも彼の企てに重大な懸念を抱きました。しかし、ツィンツェンドルフは迷わされませんでした。彼は、《自分は福音を説教するという神の召命を受けている》[15]と確信していたからです。

そのような状況にあるあいだに全ドイツで高名にもなったが悪評高くもなった伯爵にとって、自分の試験を行なってくれる神学部を見いだすというのは、簡単なことではありませんでした。それゆえ、彼は変名を使い普通の家庭教師また神学志願者としてシュトラールズントへ旅行し、そこで神学の試験を受け、合格のあとではじめて試験官たちにツィンツェンドルフ伯爵であることを認めてもらいました。さらに同年の一七三四年、彼はテュービンゲン〔大学〕にある付属教会において説教し、聖職身分に就いたことを公表したのです。

ツィンツェンドルフのスイス旅行

一七三五年一二月二四日のクリスマスイブに、夫がスイス旅行から自分に送ってくれた手紙に返事を出すため、ツィンツェンドルフ伯爵夫人はヘルンフートにある自分の机に向かっていました。

ツィンツェンドルフは、いつも旅のわずかな不便さも嫌う夫人とはまったく違って、嬉々として旅行に出かけていました。そのため彼女は《主が望まれた》《遠方旅行》(16)に関して自分の《快適さ》のためにも、ときには夫の非難にも耳を貸さなければなりませんでした。例えば、ヴォルフェンブュッテルへの旅行のさいのように、彼女は彼のためを思い嫌という気持ちを抑え、快く一緒に行くこともありました。その旅行に先がけて彼女は母に次のように手紙に書いています。

私は、自分にはそれ〔＝旅〕をする気が全然なかったとは言えませんが、それでもやはり私の愛する主人に反対したくなかったのです。……(17)

他方で伯爵夫人はしばしば、ツィンツェンドルフの旅行によって負担させられた、高額の出費を嘆いたものでしたが、そのときには次のような彼の反論がありました。《私には主による命令があるのであって、それに応じて私は出かけていっているのです(18)》。

そのようなわけで彼は一一月はじめにはスイスに出発してしまい、九回目の出産の直前であった伯爵夫人は大きな不安を抱えることになりました。その旅行はそれほど費用がかからないと言われていました。というのは、国中をあまねく巡礼し、至るところで同じ考えを持つ人々と接触するヘルンフートの同胞たちのように、ツィンツェンドルフは今回は一人で、しかも徒歩で行こうとしていたからです。しかし、それが行脚だからこそ、伯爵夫人は不安を感じていたのです。彼女は、夫がそうした徒歩旅行に慣れていないことを知っていたのです。出発後間もなく彼が片足を負傷したので、彼女は同行者をむりやり行かせましたが、それにもかかわらず彼は〔その者を〕戻してきたのです。

彼女のまえの机のうえに彼からの二、三通の手紙がありましたが、それらには彼女の懸念が現実のものとなったことが書かれていました。片方の足には絆創膏をはり、もう片方の足は脱臼し、敏感な目はひどい炎症を起こしていたのです。伯爵夫人はため息をつきながら手紙を書きました。

あなたの巡礼の旅に関して言えば、それを私は尊んでおりますし、それは私にとってもとても大事なことです。……私が理解している骨の折れることや卑賤なことのすべては、そうしたやり方によるのでなければならないということであり、私にとっては、巡礼の旅にはつきもののことであって、〔それ以外のことでは〕何も奇異で不快に思っているわけではありません。しかし、あなたが旅行のはじめですぐに足に怪我をなさったというので、足のことで私は少し心配しています。自分でしたら、決して自分の〔旅の〕妨げにならぬよう、最初は徒歩旅行を強行すべきではなく、むしろ〔今は〕まず足を治すべきであるという、警告と受けとります。そういうわけであなたはこれからはもう〔馬車で〕旅行なさってください。

エルトムートはひとまず筆を置いてよく考え、そのあと次のように穏やかに付記しました。

それにしてもあなたにはくじがおありです。ですから、私は静かに沈黙し、あなたを導いておられる御方にすべてをおゆだねいたします。

彼女は彼の手紙をもう一度はじめから終わりまで読みました。そこには、彼が途中で知った、娘マリア・アグネス誕生へのお祝いの言葉がありました。《あなたは不服をとなえることもなく再び母となりました。主が誉め讃えられますように！[19]》

もう一通の手紙のなかでツィンツェンドルフは、姉妹たちとの心からの親しい関係を得させてくれた洗足の問題を夫人に思い出させていました。彼は彼女がヘルンフートでは、姉妹たちの服装に合わせて《フープスカート、長い裾、コントゥーへなしの》装いでいてもらいたいという願いをつけ加え、次のように記していました。

しかし、そのことを熟慮し、何も自分に強いることなく、率直に真心から一人の下女になりはじめてください。私がいつも兄弟たちと一緒であるように、あなたも姉妹たちと一緒であってください[20]。

《コントゥーヘ》とは、中袖と背面ボックスプリーツ付きの、ゆったりとした着心地のよいガウンのことです。エルトムートはこの快適な流行スタイルを捨てたがらず、手紙にさらに次のような追伸をしました。

質素な服装であれば多分お金の倹約になるでしょうし、また外部の人がおらず、私たちだけがここにいるときには、あなたはきっと裾やフープスカートなしの私をご覧になるでしょう。ことコントゥーへの件に関して言えば、〔それなしで済ませる倹約〕それはほとんど不可能なことです。なぜなら私は、あなたご自身がそれに我慢することがおできにならないと思うからです。もし私が生まれつき背筋や腰が曲がっていたとしても、いまそのような自分を見せることは自分を辱めることだとは決して思っておりません。しかし私は、丈が短く、遠くから姉妹たち（の身なり）と違うようには見えない、ふつうの（いつもの）コントゥーへが自分に不要だとは考えておりません。……[21]

ツィンツェンドルフは一七三五年の大晦日にヘルンフートに戻ったとき、あまりに疲労困憊し病気になっていたので、二、三週間ベッドに横になっていなければなりませんでした。財布に一銭※もなくチューリヒに到着したのですが、それでも彼はそこに滞在したのです。しかも彼は、その旅行の目的であるその地の敬虔主義者たちとたびたび会談をおこない、スイス人の友人たちとの関係を強固なものにしてきたのです。

オランダへの旅行

エルトムートがまだ夫の看護をしていたのに、彼はもう新たな旅行計画を話し出していました。彼はアムステルダムへ急ぎ出かけざるをえなかったのです。そこにはヘルンフートについて聞き及んだ人々がおり、そこでは、教団に関する書籍も出版され、何としても伯爵と知り合いになりたいと望まれていたからです。そのうえオラニエン侯爵夫人からも招待状が送られてきました。しかし、今回ツィンツェ

※　原文でこれは、昔のドイツの少額銅貨「ヘラー一枚さえも」という表現。

ンドルフは巡礼者としてひとりで出かけようと思ってはおらず、むしろ、エルトムートが彼に付き添い、一〇歳の娘ベニグナやそのほか大勢の兄弟たちや姉妹たちも同行して、オランダで教団として行動することができるよう、考えていたのです！

当然ながらエルトムートは冬の最中のそうした旅行には興味がありませんでした。彼女にはそれに反対する重要な理由もありました。ツィンツェンドルフはドレスデンにある選定侯の宮殿でまたもや不興を買っていたので、バウツェンの上級地方長官が、しばらく領地にとどまっているよう、ツィンツェンドルフに急ぎ求めてきたのです。オーバーラウジッツの二、三人の貴族領主たちが自分たちの領地におけるヘルンフートの人々の家庭集会に関し彼に対する苦情を申し立てていたからです。選定侯が〔その苦情に対して〕どのように応じるか、まだ分かりませんでした。伯爵はいずれにせよ訴訟事件の判決をヘルンフートで待たなければならなかったのです。

しかしツィンツェンドルフは待つのが苦手でした。せっかちな彼はオランダへの旅行を延期できないと宣言し、必要な旅費を調達するようエルトムートをせき立てたのです。ついに一七三六年二月一五日、かなり大きな一団が出発しました。

その冬はかなり厳しく、郵便馬車はところによっては悪戦苦闘しながら深い雪道を通っていきました。この旅行は、三月四日アムステルダムに到着するまで、ほぼ三週間かかりました。

ツィンツェンドルフは、ヘルンフートの我が家でのように、礼拝、集会、そして賛美の集いをもって一日を過ごせる、一軒の大きな家を借りました。アムステルダムからの訪問者たち、裕福な市民階級からも多くの人々が、群れをなして加わってきました。同胞教団はオランダで大きな反響を呼び、幅広い友人グループを得たのです。

裕福な商人の一人、マティアス・ボイニンクは、ツィンツェンドルフとその教団の経済的状況を訊ねました。彼は、金利がドイツにおけるよりも有利であるオランダで彼のための金融取引すべてを進めるよう、ツィンツェンドルフに提言しました。彼は、自分に呈示されたチャンスをとらえ、のちに次のように言っています。《私がそうしていなかったとしたら、〔お金を得るため〕私はきっと神を試していたことだろう[22]》。

詳細な商談を伯爵は夫人にゆだねました。ザクセン地方の債務者たちの債券すべてをこのオランダ人に譲渡することが合意され、それによってヘルンフートの人々の強固な独立性が確保されることになりました。

これまで主として農民や手工業者たちで構成されていた同胞教団は、いまや市民階級の人々が増えました。この新しい仲間たちは大規模な融資をすることが可能でした。彼らはオラニエン侯爵夫人が提案していたイーゼルシュタインにある地所を教団のために購入し、そこに同胞集団居住地ヘーレンディークが生まれることになりました。

　エルトムートはベニグナと一緒にロイヴァルデンにある侯爵夫人の館の客となり、この身分の高い御婦人と《心うち解けた会話を大いに交わし》ました。この侯爵夫人は若い伯爵令嬢ベニグナに対しても《とりわけ優しい》[23]態度を示しました。まだこの国のあちこちを旅行して回っていたツィンツェンドルフは、四月一二日に、夫人と娘を迎えにやって来ました。そして四月一六日、ヘルンフートへの帰途につきました。

二度目の国外追放

　この家族が同行者とともに休憩地にすることになっていたカッセルに到着したとき、彼らはみなオランダでの滞在の成功で気分が高揚し喜んでいました。そこにはヘルンフートから郵便も転送され届いていたのです。それには選定侯による次のような公式書状の写しがありました。すなわち、ツィンツェンドルフは執行猶予なく即刻改めてザクセンから国外追放されたと。みな一様に驚きましたが、伯爵夫人は努めて落ち着こうとしなければなりませんでした。彼女は自分の日記に次のように記しています。

救い主は、その御まえで心を平静に保ち、かつじっと見ているよう、私に恵みを与えてくださいました。私たちは〔カッセルには〕一時間以上とどまらず、（予定されていた夜の宿である）リヒテンアウへ向かって行きました。その道中を私の主人はたいてい徒歩で行き、その問題〔＝ザクセンからの国外追放〕について救い主と話し合っていました。[24]

この《話し合い》のあとツィンツェンドルフは、政府による同胞教団の破壊と根絶を目くろむこの措置がかえって共同体の拡大と強化に役立つということをしっかりと確信しました。

この旅行団はさし当たりエーバースドルフへ赴きました。その途上で出会ったのが、ヘルンフートから迎えにやってき、同胞教団に対する処罰に関するもっと詳細を報告できる、兄弟ダーフィト・ニッチマンでした。教団と施設を解体するというはっきりとした意図をもって、調査委員会がヘルンフートに派遣されたのです。しかしツィンツェンドルフは、何もかも良くない知らせにもかかわらず、確信を抱いて動じませんでした。彼は、《世界に救い主を宣べ伝える[25]》ため、自分の周りに集めたいと思っていた《巡礼教団》を同伴する巡礼への誘いとして、この国外追放を受けとめたからです。

調査委員会

エーバースドルフで夫妻は別れなければなりませんでした。伯爵夫人は、女性地方領主として調査委員会を迎えるため、できるだけ急いでヘルンフートへと旅立ったからです。委員たちは予想外に好意的で理解のある態度を示しました。教団はいつものきちんとした状態でその生活をさらに続けており、どんな質問に対しても回答の準備ができていましたので、一一日間――それほど長く調査が続きました――が良い雰囲気のなかですぎていきました。ほっとしてエルトムートは、エーバースドルフで知らせを待ちこがれていた夫に次のような手紙を書きました。

その他の点でここでは、諸事万端首尾よく行っています。苦難の時代はすばらしい時なのです。巧く表現できないある種の穏やかで力強い落ち着きと心のまったき特別な結び合いがあります。私たちはほとんど一日中一緒に集まっています。あなた、ここにいらっしゃらないあなたは、損をしておいでです。だれの顔も喜んでいるように見えます。いまや〔キリストの〕証人たちを見ることができるのです。……

彼女は調査の詳細と委員会の質問について報告しました。どうやらとりわけ疑われたのは《聖務日課の祈祷者たち※》のようで、兄弟姉妹たちが〔毎時〕交代で二四時間休みなく行う祈りの奉仕のことでした。《……彼らが質問したのは、聖務日課の祈祷者たちは国王に逆らって祈っているのではないか、ということでした（というのは、彼らは兵士たちと同じくらい聖務日課の祈祷者たちを恐れていたからです）》[26]。

調査結果は結局のところ、同胞教団へのこれまで以上の暗黙の容認でした。

ロンネブルク城

そのような状況のなかでツィンツェンドルフは自分の周りに小さな巡礼教団、すなわちヘルンフートの

※　これは「時祷（Stundengebet）」とも呼ばれ、カトリック教会からルター派教会にも受け入れられてきた。ただしヘルンフート同胞教団では、「毎時の執り成し」とされ、毎日二四時間交代で続けられる、プロテスタント最初の継続的な祈りとなった。一七二七年に始まり、一〇〇年以上中断することなく続けられた。一九五七年、モラヴィア同胞教団五〇〇周年記念の一環として、この継続的な祈りが新たに開始された。

から自分に合流してきた兄弟姉妹たちを集めており、そのなかには彼の大きくなっていた子供たち、ベニグナとクリスティアン・レナートゥス、同じく若い伯爵令嬢の家庭教師また付き添いであるアンナ・ニッチマンも含まれていました。この巡礼教団のためにフランクフルト近郊のヴェッターアウ地方にあるマリエンボルン館を賃借りできる見込みが出てきました。しかし交渉がとても長引きましたので、伯爵は同伴者たちとともにマリエンボルン近くの半ば朽ちかけたロンネブルク城を借りましたが、そこには、不良になった子供たちを抱える貧しい家族ら、それに多くのユダヤ人たちも住みついていたのです。ツィンツェンドルフの見方によれば、これらの《貧しく気の毒な人々[27]》に対する仕事が巡礼教団にとっての重要な課題だったのです。

ツィンツェンドルフの切なる願いに基づいて、エルトムートはロンネブルク城で《家政職《ハウスムターシャフト》》を引き受けるため、あとから幼い子供たちと一緒にやって来ました。ツィンツェンドルフは彼女の到着に大いに安堵しました。わずか数週間ののち、彼は城の監督者の任を彼女にゆだね、リヴォニアへの長期旅行に出発しました。巡礼教団は時間の許す限り城で彼の帰還を待つべきだと考え、疑わしい場合にはくじに訊ねるべきだと考えました。

住み心地の悪い荒廃した城での数週間——アンナ・ニッチマン姉はそれを《フクロウとコウモリの住

年長の二人の子供ベニグナとクリスティアン・レナートゥス、そしてアンナ・ニッチマンを連れて、1736年リントハイムからロンネブルクへ向かうニコラウス・ルートヴィヒ・フォン・ツィンツェンドルフ／1747年、羊皮紙に描かれたアダム・パウル・ショプフェルによるグアッシュ水彩画

処》[28]と呼びました――は、エルトムートの人生における最悪の時期だったと言えます。八月、《だれからも瞳のように愛される前途有望な》子供であった彼女の幼い息子クリスティアン・ルートヴィヒが、赤痢になり、わずか数日後に亡くなったのです。エルトムートは非常に落胆しました。兄への手紙から読みとれるように、神の御意を受け入れるのは、彼女にとってつらいことでした。

巡礼途上にはさまざまの試練がありますから、救い主がこの清めの火を通してその目的を果たされるよう、私のためにお祈りください。幼子はほんの六日間横になっていただけでした。彼は健康で、非常に賢く、そして利発な子供でした。母親の心は深く傷ついていますけれども、やはり傷つけた御方が愛であることを知っているのですから、彼は幸せなのです[29]。

どんなに陰鬱な時間であろうとも、エルトムートは自分の心痛を歌に言い表して、それを克服しようとしました。

私はくずおれています、私は身をかがめています、
主よ、あなたをあがめます、あなたの御旨のなかで、
あなたが意思されたことを、
あなたは、私が恐ろしがらないよう欲し、
私が負うよう、願っておられるからです……[30]。

ロンネブルク城からの退去

古い城での状況は伯爵夫人とその同伴者たちにはますます耐え難いものになりました。反社会的な住民のかなりの人たちが兄弟姉妹たちに対して拒絶的かつ敵対的な態度をとったからです。九月はじめ城

の管理者は、一〇月まで締結された賃貸借契約が延長される手はずなのかどうか知りたいと思って、決断を迫りました。そのあとすぐフリードリヒ・フォン・ヴァッテヴィレが城を訪れて、伯爵夫人にもう一度ヘルンフートに戻るよう願いました。そこでは《あらゆる点で》[31]彼女がいなくて困っていたからです。

エルトムートはどうしたらいいか分かりませんでした。ツィンツェンドルフが旅立ってからすでに長いあいだ消息を知らせてきていませんでしたので、彼女は、いつ彼の帰還を見込むことができるか分かりませんでした。彼女は彼に消息を伝えてくれるよう懇願しました。

心の底から愛する兄弟。私が手紙を書かなければならないのは、すでに三週間あなたからいかなる消息もないので、いささか不平を言わざるをえないからです。私は哀れな女、難題が次々と同時に起こっています。私は毎日いつも虚しく〔答えを〕待っております。それというのは、私たちはまだここにおり、これまでくじに基づいて物事の終決を告げてまいりましたが、私たちには依然としていかなる場所もいまだに示されていないからです。くじはいつも私たちに心配しないよう告げており、闇もきっといずれ光になるでしょう。……[32]

ロンネブルク城にいたエルトムートと彼女に忠実な人々は、くじによって大変な難題に直面しました。数回の試みののちついに彼らに解約と旅立ちの許可が与えられましたが、しかし彼らはどこへ向きを変えるべきか、まだ明らかではなかったからです。ヘルンフートへ戻るべきなのでしょうか。しかし、もしツィンツェンドルフが帰ってきて、彼らのあとを追ってそこに来られないとしたら、どうなるのでしょうか。旅行の目的地がくじで決められるべきかどうか、くじに訊ねました。然りという答えになりましたが、伯爵夫人がのちにそれらの出来事に関する報告のなかで記しているように、その決定に基づいて二つのくじが準備されました。

私たちは一つの方に次のことを訊ねました。伯爵夫人はヘルンフートへ旅立つのが良いのかどうか、ということです。もう一つの方には次のことを訊ねました。彼女はもうしばらくこの地方にとどまっているのが良いのかどうか、ということです。後者が指し示されました。

ツィンツェンドルフが出発のまえ、ロンネブルク城の代替案としてフランクフルトの名前を挙げていたので、《私たちは、フランクフルト以外のもっと別な場所を手に入れるように示されているのかどうか、くじに訊ねました。しかし、否が当たりました》[33]。

旅立ちのまえ、生後一〇ヵ月の幼いアグネスがたいへん重い病気になりましたので、命が危ぶまれました。しかし出発の日である一〇月一一日までに、彼女は幸運にも旅行に堪えうるまで快復しました。ヴァッテヴィレはこの城でもう一度《心からの祈りをもって》礼拝をささげましたが、《そのときだれの目も涙を浮かべずにはいられませんでした》。それから、一行は二つの大きな荷馬車を伴って城門から出て行きました。エルトムートは悄然《しょうぜん》としていました。

私の心は数々の理由で救い主の御まえにまったく打ちのめされており、私は、救い主が何とかしてあとで〔彼を〕私たちに会わせてくださるようにお願いしました。(34)

伯爵夫人は〔自分に〕とても適したフランクフルトの宿泊所に――もっとも、それはとても《巡礼者らしく》ではありましたが――居を構えて、ツィンツェンドルフの帰還を待ちました。彼女の到着は市のあちこちに伝わっていきました。たくさんの訪問者が彼女を訪れ、話をして牧会的な助言を受けることを望みました。日記から読みとれるように、エルトムートは素朴な心情の人々をも正当に評価しようと大いに努力しました。

午前中、女性秘書イゲリンが私のところにいて、食事にも残りました。彼女は私に自分の行状すべてを話しましたが、それには恐らく好ましい幻想が多々含まれていたにしても、たしかに救い主に対する心からの愛に基づいているのです。愛する救い主、単純さとはいかに幸いなことか、私たちがそのような人々を理性に基づいて裁かず、そういうわけでまたおよそ自分を愚かな者と表現する恵み深い人々を軽んじないよう、私と私たちすべてをお守りください。私の心は、たとえそうした人々が善人からも悪人からも外見上愚か者に思われているとしても、彼らはあなたと非常に親しく、知らずにあなたのところへ行っている……、ということを感じてきたからです(35)。

ヘルンフートと巡礼教団とのあいだ

一一月七日、ツィンツェンドルフはリヴォニアから帰り、フランクフルトで夫人と落ち合いました。その後数年のあいだエルトムートは、オランダ、イギリス、ベルリンへの夫の旅に同行しました。彼女にとってこれらの旅行は、ほとんどいつもかなり克己を要するものでした。《……もし重い気分で踏み出しているとしたら、私の生来の性質のせいにしてはなりません、むしろ私は救い主の御まえで「その御心について」よくよく考えていましたので、否とは言えなかったのです。……》(36)

エルトムートはヘルンフート在住期間中、きちんと事が行われるよう何度も気を配らなければなりませんでした。そこでは彼女の不在中、農場と財政の管理のことでたびたび《あらゆる点での大きな混乱》があったからです。一七三六年、彼女の信頼する協力者トビアス・フリードリヒが亡くなりました。他の人々が彼の代務者になり、彼らとエルトムートは遠方から手紙のやりとりをしました。それでも、万事がいつも彼女の考え通りにいったわけではありませんでした。あるとき彼女はヘルンフートからツィンツェンドルフに次のように手紙を書いています。《〔ヘルンフートは〕風前の灯火で、回避することは困難でしょう》。彼女は、木材業、煉瓦工場、そして漂白工場での収入減について報告し、それから次のように書きました。

私は不忠実な人々のなかのひとりの人をとがめることができるわけではありませんが、無知によってたくさんの損害がもたらされています……。救い主がこの点でも教え、部分的にもすでに事をなしてくださいましたし、巡礼によって私たちが損害を被ることはない、と私は確信しておりますから、〔私は〕〔あなたの〕心に負担をかけようとしてこのことを書いているのではありません。(37)

巡礼教団の成員たちはずっと自前で食物や衣類を手に入れることができませんでしたので、いうまでもなく伯爵の援助を受けていました。伯爵夫人は《主婦》として、《すべてをとても賢く分配すること》を心得ていましたので、《わずかなもので多くのことが[38]》賄われ、《巡礼者らしい》暮らしができていました。それにもかかわらず、エルトムートは次のように心から夫に倹約をお願いしていました。

　親愛なる兄弟、旅の往復にはいつも多額の費用がかかりますし、もはやだれも快く〔お金を〕貸してくれない今、孤児院はかなりの経費が必要ですから、どうか可能な限り自制（節約）なさってください。……

ときどきエルトムートは、伯爵夫人である自分の援助を頼りにしすぎている、巡礼教団の二、三の成員たちのことでも腹を立てました。ベルリンでかなり快適に過ごしていたリントループ姉について、彼女はツィンツェンドルフに次のように手紙を書きました。

　ずっとこのままの状態を続け、自分のしたいような暮らしを続けるという身勝手がこれからも彼女に許されてよいのでしょうか。……あなたは私に約束なさったことを厳密にお守りになったことがありませんが、あなたは彼女に対して厳しい手紙をお書きにならなければなりません。というのは、私はこの条件の範囲でのみ静かにしていることをお約束いたしますから。……持つ必要のあるどのようなものを彼女は思い浮かべてなのか、思いつくまま、ベルリンで贅沢に暮らすよう指示されているのでしたら、いったい彼女にはどれだけお金がかかることになるでしょうか。私が思いつきましたのは、試しに彼女自身に一週間一ライヒスターラーを供与するということです。……私はこれ以上彼女の負債に対して一クロイツァー※たりとも支払いませんし、彼女のコーヒー代が費用に含まれる必要もありません。……私がこのように少し厳しいので、私をしっかりしすぎているとお考えになられるのでしたらそれで結構です。私たちには、もっとみすぼらしいのにもっと感謝している兄弟や姉妹たちがいるのですから。……[39]

《巡礼の数年》はエルトムートにとっても非常に困難でつらい時代でした。彼女は、さらに練達した気丈さや思慮深さによって、ヘルンフートの村の女性領主でもあり同時に巡礼教団の主婦でもあるという、信じられないほどの重責を果たしていきました。しかも彼女は何度も身重になりました。彼女は一

※　クロイツァーは、一三〜一九世紀にドイツ・オーストリア・ハンガリーで用いられた少額貨幣（単位）であるが、現代日本風に表現すれば、「一円たりとも……」ということになろう。

七四〇年に至るまでに一二人の子供を産みましたが、そのうち幼年時代を生きのびたのはわずか四人でした。

一七三七年、選定侯は伯爵に二、三ヵ月間ヘルンフートへの帰還を許しました――伯爵夫人はきっと心安らぐことができると考えました。しかしその後、ドレスデンの行政府の雰囲気が再びとても冷たく危険なものになりましたので、ツィンツェンドルフは、自らの意志でザクセンを離れ、さし当たってはプロイセン国王フリードリヒ・ヴィルヘルム一世により好意的後援者を見いだしていたベルリンへ行くことにしました。

この国王の宮廷説教者であるダニエル・エルンスト・ヤブロンスキーは、ヨハン・アモス・コメニウスの孫であり、またポーランドでまだ存続していたモラヴィア同胞教会の監督でもありました。この人によって、ツィンツェンドルフは五月二〇日、ルター派聖職者としてモラヴィア人の同胞たちの監督に任じられました。

一七三八年伯爵の家族はついに、オランダの友人たちが巡礼教団のために賃借りしてくれた、マリエンボルン館に入居しました。エルトムートはいまやヘルンフートにならぶ第二の確固たる居住地というべき場所を得たのです。マリエンボルンの近くにはブューディンゲン伯爵によって広大な地所が獲得され、そこに同胞教団の新しい入植地ヘルンハークが建設されることになったのです。

第五章　同胞教団の女性代表者

なぜ、ツィンツェンドルフは一七三八年末、カリブ海にある聖トマス島へ行くべしという、切実な内なる招きを感じたのでしょうか。そこへ行くのは遠く危険な船旅であり、何艘もの帆船が嵐の海で転覆していたのです。しかし、彼よりさきに教団の他の人々がそこへ行っていました。一七三二年から聖トマス島デンマーク人集団居住地で、ヘルンフートの同胞たちが黒人奴隷にまじって働いていたのです。彼らは教団から派遣された最初の宣教師たちでした。

一七三四年、入植者また宣教師として隣の聖クロイ島で働きたいと思った、ヘルンフートの一八人の若い人々が彼らに続きましたが、しかし大部分の人々が殺人的な暑さの犠牲になったのです。教団はこの犠牲に強い衝撃を受け、兄弟姉妹たちを《やたら死におもむかせただけ》(1)という、長老たちとツィンツェンドルフに対する非難も生じざるをえませんでした。

聖トマス島へのツィンツェンドルフの旅

彼にとって宣教の働きがどれほど重要であるか――それまでにグリーンランドと北アメリカへの同胞宣教師たちが先行していました――を示すため、また他の人々に求めることを、自分自身も引き受けるということを示すためにも、ツィンツェンドルフは西インド諸島への旅のさまざまな危険に自ら身をさらし、聖トマス島にいる同胞たちを訪ねたいと思ったのです。《あたかも彼は永遠〔の旅〕に赴くかのように》エルトムートに別れを告げましたが、《彼に再会できるかどうか……、彼女にもまた分かりませんでした(2)》。

彼を行かせるのはエルトムートにとって非常につらいことでしたが、しかし彼女はこの旅行の必要性を理解していました。彼女はマリエンボルンから兄に次のように手紙を書いています。

いま私はここに独りでおります。お兄さまは、私の愛する主人があのように遠く危険な旅をするのを見るのは、私のような性格の持ち主にはつらい試みであるということを容易にお察しいただけることでしょう。もし私が救い主のたしかな御意を受けとらず、またそれが彼の向こう見ずな好奇心から出たものでは決してないということを承知していないなら、もちろん私には耐えがたいことでしょう。救い主は御意によって彼を祝福のうちにもう一度こちらへ連れ戻してくださるし、担える以上のものを彼に課すことはなさらない御方であると私は信じております。[3]

エルトムートは何ヵ月も夫の帰還を待たなければなりませんでしたが、彼女の確信の正しさは証明されました。一七三九年六月一日、ツィンツェンドルフは旅行の数々の印象で満たされ感激して、マリエンボルンに到着しました、《聖トマス島はヘルンフートよりも大きな奇蹟である！》[4]と。

しかし、苛烈な気候が彼の身にもこたえ、マラリアの諸症状と潰瘍が彼を苦しめました。それにもかかわらず彼は、自分の務めは一刻の猶予も許さないと考え、教会会議のためエーバースドルフへ出かけ、そのあとヴュルテンベルクへも出かけて行きました。

そのあいだエルトムートは、あやうく命を失いかねない、重い肺病に耐え抜いていました。ツィンツェンドルフは、自分のいるヴュルテンベルクへ来るよう、しきりに彼女を招きました。その転地療養は彼女のためになりましたが、しかし快復はゆっくりとしたものにすぎませんでした。彼女はまたヘルンフートでの職務へと呼び戻されたのです！

ジュネーヴへの旅

一七四一年、ツィンツェンドルフはスイスでの大きな《教団の旅》を実行し、ジュネーヴへ行きました。エルトムートは、宿を用意するため、二人の子供たち、クリスティアン・レナートゥスとザーロメを伴って、一月に先発することになりました。

およそ四〇人の兄弟姉妹たちが順次そのあとを追い、ツィンツェンドルフは三月に最後のグループと共に行きました。一七三六年にオランダで行ったように、教団はもう一度その礼拝生活によって自らを明らかにしたいと思いましたが、しかし、ジュネーヴの教会との連帯を示すため、日曜日には改革派の礼拝に行きました。ここでもヘルンフートの人々はこの都市の市民たちのなかに多くの友人たちを獲得しました――しかし、ツィンツェンドルフに対して非常に慎重な態度を示していた指導的聖職者たちのあいだでは、その数は多くありませんでした。

エルトムートはジュネーヴ湖畔で、温和な気候だけでなく自分の近くにいる夫や二人の子供との滅多にない一緒の暮らしも楽しみました。クリスティアン・レナートゥスはフランス語の会話力をさらに向上させることができ、その滞在を《遊学の旅《ビルドゥンクスライゼ》》と見なすことができました。ツィンツェンドルフ一家はみな元気になって五月にマリエンボルンへ帰りました。新たに得た力は大いにみなの役に立ちました。それというのは、再度のさらに長い別れがすでに間近に迫っていたからです。

ロンドン遺言会議

秋、ツィンツェンドルフは北アメリカにあるペンシルベニアへかなり長期の旅に出ようと思い、そのさい、長女ベニグナに付き添ってもらうことにしました。旅立ちのまえ、ツィンツェンドルフはロンドンで重大な《遺言》あるいは別離の会議を開催しましたが、それには、もちろんエルトムートも含む、最も親しい協力者たちが加わりました。彼の不在中のさまざまな課題と権限が割り当てられました。この会議での意外な議決によって、救い主ご自身が《首席長老《ゲナラールエルテステ》》に指命され、それ以来どの会議においてもその御方のために《目に見えない主宰者《ウンズィヒトバーラー・シェフ》》[5]としてひとつの席が設けられることになりました。《統轄者《フォーアシュテーアー》》としてのツィンツェンドルフのさまざまな権限が一二の《総監督職《ゲネラールエムター》》に分割され、それらが《最高会議《ゲネラールコンフェレンツ》》を形成し、ツィンツェンドルフ不在中の教団指導を託されました。エルトムートには、他の三人の人々とともに《家政職》の職務に加え財政の監督の職務が与えられました。

それに加えてツィンツェンドルフは、自分が教団において《最も必要で不可欠な職務》であると思っていた、《継ぎ手《シャルニーア》》の職務をエルトムートにゆだねましたが、《それは、時計を巻く鍵のようなものでした[6]》。つまり、一種の《重要な地位》で、要であり、まさしく《蝶番《シャルニーア》※》だったのです！　教団のなかにはエルトムートの働きに対していかなる悪いイメージもありませんでした。すなわち、蝶番は目立たず、音を立てず、人目を引かず、それでいて内部と外部の循環には不可欠だからです。

　教団の財政状態についてツィンツェンドルフ夫妻は二人だけで内密に相談していました。可能な限り負債がこれ以上発生しないようにしなければなりませんでした。願わくば、裕福な友人たちの支援金と募金によって困難を切り抜けたいところでした。

　そのうえエルトムートにはさらなる任務が与えられました。彼女はエーバースドルフへ行き、意見を異にするそこの教会共同体との和解を達成しなければなりませんでした。そのうえ彼女は同胞教団の女性代表者として、デンマーク、リヴォニア、ペテルスブルクにも派遣されたのです。

　別離の時が来ると、エルトムートはすっかりうち拉がれてしまいました。というのは、今回彼女は夫だけでなく、娘をも遠い危険な旅に出さなければならなかったからです！　ツィンツェンドルフは、妻がどんな気持ちでいるかを感じとり、トルバイからの船の出港のまえ、手紙のなかで次のように彼女を慰めようとしました。

　　最愛の君へ。手もとには小さな紙片一枚しか持っておらず、時間も差し迫っていますが、それでも私はあなたにもう一度心からの接吻を送らずにはおれません。どうか、ぜひ覚えていてください。ペンシルベニア旅行がすでに決議され、救い主が私と共に行ってくださいますから、一日また一日と、二週間はすぐにすぎ去ります。もしあなたが主の偉大な下女であるなら、また私が〔旅を〕少しでも早く終わらせるなら、私はあなたが思っているよりも早くきっと平安と喜びのうちにあなたに再び会えるでしょう。私は……小羊によってあなたへの消し去りがたい愛をかき立てられたあなたの忠実な夫、助手、執り成し手、ツィンツェンドルフなのです。(7)

エーバースドルフにおける会議

エルトムートはロンドンからマリエンボルンへまず戻り、そのあと一七四二年一月はじめ、自分の最初の任務を実行するためにエーバースドルフに出かけました。

エーバースドルフ、すなわち《姉妹教会共同体》、エルトムートの郷里、またツィンツェンドルフの

※　先の《継ぎ手》とはカタカナ表記では同じであるが、先のはCharnierであり、こちらはいわゆる《蝶番》という意味のScharnierである。

義理の兄また友人である彼女の兄ハインリヒ二九世の居城との感情のもつれは、どのように生じたのでしょうか。年老いたロイス伯爵夫人――一七三二年に亡くなった――の生きているあいだすでに数年来、ツィンツェンドルフとロイス家の親戚たちとのあいだには、諸問題がくり返し起こっていました。エルトムートはそのさいいつも夫の忠実な味方でした。しかしツィンツェンドルフは、独立性を誇りにしていたエーバースドルフの教会共同体に対して霊的に優位となるよう努力していましたから、エーバースドルフではずっと以前から、不信の念が抱かれていたのです。

説教者シュタインホーファーという人物がおり、ツィンツェンドルフはその人をほんの短期間エーバースドルフに行かせ、エーバースドルフの人々も喜んで引きとめたいと思っていたのですが、最近になって彼のことがとりわけ重大な問題になっていたのです。

エルトムートにしてみると微妙な難題でしたが、他方で彼女は、ロイス一族と血縁関係にあるため、だれよりも巧くこの教会共同体に出入りができたのです。にもかかわらず、日記からの一節が示している通り、彼女はこの任務には大きな不安があったのですが、引き受けるしかありませんでした。往路の旅で彼女は一七四二年一月七日、次のように記しています。

救い主が私をこの上ない静寂へと導いてくださいました。私は心のうちでさまざまなことを主と語

幼い娘と一緒のエルトムート・ドロテーア・フォン・ツィンツェンドルフ。記載文：《(エリーザベトが) お母さんのひざの上に座り絵入り聖書を拾い読みしています。帆走する船の中で、エルトムートは絵の上にあるエリーザベトの小さな手にキスをし、心の動揺を抑えきれず言います。愛しい小羊さん！　ああお父さん、さようなら、ああミツバチさん、さようならと。その後、エリーザベトはお父さんと姉ベニグネが穏やかな海をペンシルベニアへ旅立ったのを聞きました。》／フリードリヒ・フォン・ヴァッテヴィレによる水彩画

り合うことができ、多くの事柄によって私は打ちのめされ、また多くの事柄によって私は励まされました。私の計画は自分にはとても重要なものとなっていました。しかし私は自分が内面的にも外面的にも未熟であると感じ、そのため私の心は窮地に陥りました。……私は正しく自信を持たなければなりませんでした。あまりにも多くのこと、とりわけ、私は妻でありながら一人きりであり、それでもなおこれほど多くの責任を担わなければならないという思いが、私に襲いかかってきて、私の心を占領したのです。……私はいろいろと考え込んでいました。しかしわが小羊、あなたはこれをご存知で、私に再度息をつけるようにしてくださいました。(8)

《小羊》――救い主の名称――は、この時期からエルトムートの日記や手紙のなかに非常に頻繁に見られます。彼女はそれによって、ツィンツェンドルフが近年教団に導入してきた、新しい言葉と思考法を引き継いだのです。

一月一二日、エルトムートは自分の同行者を従えてエーバースドルフに到着しました。

私たちは満足でした。私はここに着いて間もなく『日々の聖句』の小冊子を開きました。「わたしがあなたのなすべき事柄をなし遂げる」とありました。私の心は〔主の御まえに〕屈服させられま

したが、それでもなお確信に満ちていました。私はここに三時すぎに到着し、私たちはとても好意的に迎えられました。(9)

親戚やシュタインホーファーとの個別面談ののち全体会議に至るまで、多少の時間がかかりました。エルトムートと同行者ヨナス・パウルス・ヴァイスはそのまえにいかにも彼らしく、自分たちは全体会議に向けて構想をまとめるべきかどうか、くじに訊ねて、拒絶の回答を受けとっていました。

私たちは、いま計画をつくることがまったく許されておりませんでしたから、またいったい何が話し合われるか、皆目分かりませんでしたので、とくに〔慎重に〕そのなか〔会議場〕へ入って行きました。しかし私は、ただひたすら救い主にすがりつき、私のすべての言葉をお導きくださるよう主にお願いしました。……私は話しはじめました。……私にはとても気持ちのよいものでした。私は心のなかで至って取るに足りない者になっていたかもしれませんが、自分ではほんとうに心地がよかったのです。私は絶え間なく、ご自分の目的を貫徹なさるよう救い主に嘆願することができました。はじめ、彼らの側にすべての理があるように思えました。……そこで私は、あらかじめ彼らの理に対していかなる見解も抱いてこなかったことを短く説明しました。このあと彼らは完全に心を開いてくれました。……彼らはどれほど満足しているか、また自分たちの心から石が本当に取り除かれたということを、私に表明しました。(10)

エルトムートの《意見表明》の内容は、ヘルンフートの人々は決してエーバースドルフで《舵をとる》つもりはなく、むしろ、《主ご自身から指導してもらえる教団であるなら》、喜ばしいと思っているのです、という確認でした。(11) しかしながら、確執がなくなったのは、エルトムートが、シュタインホーファーはエーバースドルフから連れ戻されることはありませんと約束してからのことでした。

この会議で明らかになったのは、生活の実際的事柄に精通していたエルトムートが、自ら望んで、このような《霊的課題》にためらいながらも関わりはじめているということでした。《計画》を立てることをくじが彼女に許さなかったというのは、彼女にとってまったく適切なことだったのです――もしそうでなければ彼女はそれについて〔くじには〕訊ねなかったでしょう！　彼女は喜んで責任を手放したいと思い、救い主に《すがりつきました》。そして彼女は、適切な言葉が適切な瞬間に与えられるという経験をしたのです。

彼女はエーバースドルフにもうしばらく滞在し、そこで義理の姉テオドーレをも含む《いろいろな人々との恵まれた話し合い》を指導しました。個々の会談のとき、エルトムートは水を得た魚のようでした。二つの教会共同体の関係がこれ以上どのように発展していくことになるだろうかという心配にもかかわらず、彼女はこのとき、とりわけ救い主の近くにいるという思いを抱いて、《……私は、救い主と自分が再び特別な関わり方でお互いに知り合うようになっている……と、もう少しで言いそうになるところ》でした[12]。

ヘルンフート滞在

本来ならエルトムートはエーバースドルフからヘルンフートまでいま少し足を延ばし、そのあと可能な限り早く自分に命じられたデンマークへの旅路に就こうと思っていました。しかし彼女はヘルンフートで再び重い病気になり、旅行の辛労に堪える力が与えられると思える、夏になるまで待たなければなりませんでした。

加えて、旅行のあいだマリエンボルンに残してきていた、子供たちのことも心配になりました。この不安は残念ながら的中したのです。

一七四二年六月一四日、彼女は、四歳の息子ダーフィトがマリエンボルンで病気のため亡くなったという知らせを受けました。その〔死の〕痛みに加えて、その子を自分で看病してこなかったので、《母親の義務》を怠ってきたという、自責の念が生じました。それは、いまやすでに六年間――ツィンツェンドルフの追放以来――続いており、また彼女に子供たちとの別離を課している、《巡礼の旅》のせいでもありました。

彼女の《愛する息子ダーフィトとの別れについての思い》が《自分の巡礼の旅の指導者〔すなわち救い主〕》に向けて次のように書かれています。

このことに対抗してきっと本性／と理性は好んでたくさん発言したことでしょうし、／また詰問したことでしょう／いったいどうしてそれが起こらなければならなかったのか、／しかも非常にたくさんの危険がある／まさしく巡礼の時期において／そのようになるのだろうか、と。／理性はそれを理解することはできません。

彼女の回想は、巡礼中の一七三六年と一七三八年に亡くした二人の子供にまでさかのぼって行きました。クリスティアン・ルートヴィヒに続いてアンナ・テレジアもヴェッターアウの館で亡くなったからです。彼女は、《いま再びこのように》なるということが理解できませんでしたが、しかし陰鬱な気分やみじめな思いのなかに沈まず、むしろ信頼に満ちて救い主に依り頼みました。

最愛の御方、お出でください、これ以上私は何を申しましょうか／むしろ私は沈黙して／身をかがめたいと思います／何が起こったかを、直ちに私は感じ／そのことに対する反論として考えを持ち出す／ことはもうありません／私はあなたの御手からそれ〔＝子供たちの死〕を受け取ります／あなたはいずれ私のそれ〔＝理性〕に明かりをつけてくださるでしょう[13]。

病気と自分自身の悲しみにもかかわらず、エルトムートはヘルンフートで、牧会上やそのほかの願いがある、すべての人々のために〔彼らと〕話をする必要がありました。彼女には、《助言と慰め》を必要とする《あらゆることに対して開かれた耳[14]》がありました。

とはいうものの、重大な旅行が〔課題として〕一つの山のように彼女のまえに横たわっていました。

彼女は六月一八日、次のように書いています。

私はかなり気分が良くなっていますが、それでもまだすっかり元気になったというわけではなく、かなり壊れやすいあばら屋（身体）にいます。たとえそうであっても、なおそれは、自らに命じられたことを果たすまで、きっと持ちこたえるでしょう。というのは、いまのつらい旅さえ耐えることができないということを、まえもって承知しているからです[15]。

しかし、エルトムートにとってその職務と任務があまりにも重要すぎたので、彼女は《壊れやすいあばら屋》をいたわりすぎることもできなかったのでしょう。六月二七日、彼女は二、三人の姉妹兄弟たちを伴ってデンマークへ出発しました。

デンマークへの旅

ヘルンフートの人々のことをとりなすため、エルトムートが個人的にデンマークの国王の宮殿に旅をすることを、ツィンツェンドルフはどうして絶対に必要だと思ったのでしょうか。彼はデンマーク王クリスティアン六世を個人的に知っており、王妃は彼の遠縁の女性でした。ツィンツェンドルフが国王夫妻の戴冠式にコペンハーゲンへ招待されたのは一七三一年で、彼は当時デンマークの宮廷での行政職への大きな期待を抱いていましたが、しかしながらそれは潰え去りました。彼はたしかにデンマーク国旗勲章を授けられましたが、しかし職務を託されることはなかったのです。

たしかにコペンハーゲンへのツィンツェンドルフの訪問は、デンマークの植民地である聖トマス島や聖クロイ島において、またグリーンランドにおいて、兄弟たちが宣教するきっかけを与えてくれました。デンマーク国王のホルシュタイン領において、集団居住地《ピルガールー》が設立されました。ところが同胞教団がデンマークにおいて名声を博しているあいだに、ツィンツェンドルフは個人的にデンマーク国王のもとで不興を買っていたのです。それは彼の敵対者の陰謀によるものでしたが、それと同じくツィンツェンドルフが聖職者階級に入ったという事実のためでもありました。そのことで国王は彼に対して非常に感情を害し、それゆえツィンツェンドルフは彼に勲章を送り返すことにしたのです。

そのような状況下で集団居住地《ピルガールー》は解散し以前の状態に戻ってしまいました。一七四一年からそこのほとんどの家が空き家になったのです。

エルトムートはいまや——ロンドンで話し合われたごとく——国王の宮廷で自分の夫を擁護することになり、《ピルガールー》への再入植が許可されるよう努めなければなりませんでした。極度に慎重な配慮を要する見込みうすい使命、それが彼女に課せられたのです！　しかもエーバースドルフですでに明らかになったように、エルトムートはそうした課題に大胆かつ不退転の姿勢で取り組む人間では決してなかったのです。

コペンハーゲンでは彼女には、王妃への謁見を願い出るという、最初の最重要の任務がありました。その謁見は間もなく実現しましたが、しかし、エルトムートがその日記のなかで言っているように、

《私は、胃痙攣と汗に蝕まれる、まったく思いがけなく奇妙な病気に襲われました[16]》。彼女は期日を二回延期しなければなりませんでした。伯爵夫人は内心話し合いを恐れて尻込みしていましたので、これらの《胃痙攣》は心理的なものが原因だったのでしょうか。しかしついに謁見が実現し、彼女がヒルシュホルム宮殿の王妃のところへ出かけていったときには、コペンハーゲンに来てすでに四週間以上が経っていました。彼女がある報告のなかで王妃との出会いについて次のように記している通り、その思いはエーバースドルフの会議のまえとまったく同様でした[17]。

私は自分の乏しさを感じていましたが、そのことが私には恵みになりました。というのは、私は小羊の犠牲によって思い切って自分を忘れることができ、そしてそのことを喜んでいたからです。そこに至る途中、ただ自分だけでおこなって主のわざを台なしにしないよう、たえず祈り求めながら、私は喜々として身をかがめていたのです。

彼女は、重要な話し合いのまえに自分の考えを整理し、自分の案件を〔自分の思う〕順番に持ち出すことを、くじによって再びとどめられました。

このようにして独りでいたとき、いま自分の計画をつくることが主要な事柄であってよいのだろうかと、私は考えました。しかし、私は何も知らないでよかったのです。……そのあと四時頃、私は召喚されました。私は、救い主に対するまったき信頼に満ちた明るい心をもって行きました。……

王妃は彼女を好意的に迎え、伯爵夫人に会うのを《自分は心から願っていたことです》と言いました。彼女はエルトムートの病気とツィンツェンドルフのことを気遣って訊ねました。エルトムートは、彼と娘べニグナはペンシルベニアで元気でいるとの消息を伝えました。それに基づいて王妃が好奇心から尋ねたのは、べニグナがアメリカで《あるモラヴィア人と結婚した》という噂は本当なのか、ということでした。

この馬鹿げた宮廷の四方山話はエルトムートにもすでに伝えられていました。彼女は、自分の夫について、どれほど《彼の行なったことすべてが最悪の仕方で歪曲され逆さまにされていよう》とも、この機会に王妃に説明しました。

伯爵夫人はそのようにしてそつなく自分の本題について話をすることになりました。彼女は、自分の問題を適切に主張することができるということを再び経験しました。公然と偏見なく彼女はこの高貴な婦人と話し、〔これに対し〕王妃は国王のもとで伯爵とその教団のために力を尽くすことを約束してくれたのです。王妃は、ツィンツェンドルフ伯爵に《いまもなお彼が好きである、と自分からの挨拶を書くように》、エルトムートに命じました。

さし当たってエルトムートにはもうこれ以上望むことはありませんでした。深い満足感を抱いて、彼女は別れを告げました。

そしてこのようにして王妃のもとから戻り、私をいま一度国王のまえで小羊なる御方について証しするに値する者と見なしてくださったことを私の小羊に感謝しました。……すべては完全に小羊なる御方に帰せられるべきですから、私は喜んで主のまえの小さな塵でありたいと思います。

王妃へのこの謁見が成功したにもかかわらず、それでもなお、デンマークの宮廷でのツィンツェンドルフに対する抵抗感があまりにも大きかったので、エルトムートの訪問からは具体的成果は何も生じませんでした。その成果を予知することができないまま、伯爵夫人はいまや第三の最も困難な旅路に就かなければなりませんでした。この旅行で立ち寄った宿場は彼女の日記のなかに再び綿密に記録してあります。

リヴォニアおよびペテルスブルクへの旅

八月二九日、私たちは救い主の御名においてコペンハーゲンから乗船して行きました・・・兄弟姉妹たちはとても動揺していました。私たちはかなりひどい嵐のなか艀で一マイル先のその船のところへ行かなければなりませんでしたが、それはほんとうに危険でした。……(18)

船はリューベクを経て、伯爵夫人一行は八日でリガに着きました。ここから彼女はツィンツェンドルフの委任を受けてリヴォニアの同胞事業を視察することになっていました。しかしそこでは、ロンドン会議のさい、彼女と夫がまだ知るよしもなかった、面倒なことが生じていたのです。

ツィンツェンドルフ自身はたしかに一七三六年に二、三ヵ月のあいだバルト三国地方にいましたが、そこは一七一〇年からロシアの支配下にありました。伯爵は当時、同胞教団の責任者として歓迎されました。それというのは、二、三年まえからそこで活動していた同胞たちの評判が良かったからです。彼は自分の《リヴォニア計画》を詳しく述べ、それに従って、同胞たちはルター派の牧師たちの協力者としての役割を果たすことになっていました。リヴォニアの同胞活動の中心はのちに、エルトムートの昔の知人であったハッラート陸軍大将夫人の領地である、ヴォルマースホーフになりました。エストニアのブリンケンホーフにもそうした中心施設がありました。これら二つの場所から力強い宗教的国民運動すなわち信仰覚醒がはじまり、同胞たちのところに大勢の人々が殺到してきていたのです。

バルト三国地方では、彼ら〔兄弟姉妹たち〕に対して温かい好感が示されていましたが、すべてのひとがそのような対応をしたわけではありませんでした。ある報告のなかに書かれているように、彼らは《裕福な生活に喜びを抱いていました》[19]。しかも彼らは、ルター派教会から離れてより優れた独自性を獲得しようとしていました。それは決してツィンツェンドルフの考えていたことではありませんでしたが、同胞教団は分派であるという評判が容易に立てられかねない状況だったのです。それに加え同胞たちはそうした熱心な試みによってルター派牧師会のなかの多くの後援者たちや友人たちを失っていました。エルトムートの訪問の直前には、公開論争が開かれたのです。

伯爵夫人が到着したとき、調査委員会がすでに地方行政府に訪問を予告していたことを知らされました。エルトムートは最初に概要を把握しました。一方で彼女は、リヴォニアにおける兄弟姉妹の人々に幸福をもたらす働きに感嘆しましたが、他方で、ヴォルマースホーフでは次のように言いました。すなわち、《同胞たちはとても太って赤く見え……彼らは私たちには陽気すぎました……[20]》と。

エルトムートは内部の弊害を多くの会議のなかで話し合い、取り除こうと試みました。《裕福な生活と安楽[21]》に対しては精力的に介入したのです。

ところがそのとき同胞たちの活動にとって問題だったのは外面的な脅威でした。伯爵夫人には、ロシア皇帝〔女帝エリザヴェータ〕にバルト三国地方の同胞たちのこれまで以上の容認と認可に尽力してもらうため、ペテルスブルクへ旅をするという任務もあったのです。しかし、その間にもヘルンフートの人々に対する地方当局の調査がはじまっていましたので、エルトムート、それにツィンツェンドルフが想像していたよりも、その問題はより大きな破壊力を持つに至っていたのです。

それゆえ伯爵夫人はペテルスブルクではまるで自信がなく無力でした。彼女は、どのように行動すべきか、分かりませんでした。くじに訊ねることが多かったのですが、そのくじによってさし当たり彼女に課せられていたのは、待つことでした。

すなわち、《……救い主は私たちに私自身が現にここにいるということの意図、あるいは私が最初に何に着手すべきなのか、まだ知らせまいとお思いでした[22]》。

そのあと彼女は大きな影響力をもっている人々を訪問し、皇帝への内謁を得ようと努力しましたが、しかし彼女はそれを思いとどまるようしきりに忠告されました。あるいはひょっとして皇帝付きの高位の宮内官の一人により、同行者と一緒に作成した同胞教団に関する《備忘録》（報告書）を奉呈してもらえるでしょうか。《利益よりはむしろ損害をもたらすでしょうから[23]》、だれも喜んで動いてくれなかったのです。

ペテルスブルク宮殿の雰囲気はもれ伝わらず、それゆえ何も予測できませんでした。

〔宮殿内の〕避けてはおられるが、いまだ良い見解を持っておられる人々、また、かつてはあざけっておられたが、私たちとつき合ってくださる人々を含めて、だれもがどれほど私たちに反対しているかを、私たちは知らされました[24]。

エルトムートは《このペテルスブルクの牢獄から再び自由な戸外へと》あこがれました。彼女は自分の置かれている状況が安全なわけではないことを感じ、自分の《心の小羊》に次のように祈りました。

もしあなたがそれによってただ誉れを得られますのなら、私は喜んで泥や塵にされるままになりたいと思います。あなたは、私がいかに哀れな人間であるか、ご存知です。どのようなものであろうとも、私に道と細道をお示しください。せめて私を無に帰さず、引き留めたり、早まって危険にさらしたりしないでください。ああ、私は何も知りませんが、あなたはすべてのことをご存知なのですから[25]。

結局、ペテルスブルクにおいて、謁見ということにはなりませんでした。エルトムートが皇帝のまえに進み出ることはなく、一七四三年三月二一日、なすところなく再び旅立ちました。彼女はくじによって自分に旅立ちが許可されたことを喜び、《……小羊にすべての事柄を[26]》ゆだねました。

彼女はさらに二、三週間ほどリヴォニアに滞在し、四月末帰国しました。彼女がリガを離れてから間もなく、その地の副総督は、四月一六日付けの《ツィンツェンドルフ伯爵夫人を女性主導者とする新しい分派[26]》を禁じ、その信奉者たちを国外追放せよとの皇帝の命令を受けとりました。

その副総督は伯爵夫人のあとを追う騎兵部隊を直ちに派遣しました。騎兵陸軍大佐が彼女に追いついたとき、幸いにもエルトムートは旅行団とともにすでにロシアの国境を通過していました。大佐は、彼女に帝室の手紙をドイツ語に翻訳して読んで聞かせ、彼女を引き返させようとしたのです。表向き皇帝はそのなかで、ツィンツェンドルフ伯爵夫人と話すことのなかったことを残念に思い、彼女が帰ってくることを願い、彼女に《皇帝の贈り物[28]》を約束していました。

エルトムートは、それについて何と考えるべきか分かりませんでした。しかし、ロシア語を解する伯爵夫人の侍従が、陸軍大佐のうしろを歩き、その原文を読もうとしていました。彼は、その手紙にはほんとうは伯爵夫人とその同行者に対する勾留命令が含まれているということを確信しました。そのロシア人の背後で、彼は激しい怒りをあらわにした合図を伯爵夫人に送り、彼女にその招待を断らせようとしました。あまりにもうまい話すぎて、エルトムートもこの提言に従うことはできませんでした。彼女がいたのはもはやロシア領内ではありませんでしたので、陸軍大佐は伯爵夫人を伴わずに立ち去らなければなりませんでした。

五月二二日、エルトムートはようやくマリエンボルンに帰着しました。ここで彼女は、すでに四月末アメリカ旅行から無事に戻ってきていた、夫とベニグナを腕に抱きしめることができたのです。

第六章　公的職務からの引退

ツィンツェンドルフの不在中、教団の職務において倦むことなく働いてきたのはエルトムートだけではありませんでした。最高会議《ゲネラールコンフェレンツ》の残りの成員たちもまた首尾よく活動していたのです。彼らは新たなプロイセン国王フリードリヒ二世から《自分たちの教会》のため、シュレージエンにおける新教団設立への《プロイセン国王の全面的認可》をもらっており、(1)そこには、すでに三つの拠点が成立していました。そのほかの新しいさまざまな建設や計画も、彼らは堂々と指図して差しつかえないことになりました。

一七四三年ヒルシュベルクにおける教会会議

ただし、ツィンツェンドルフはこれらの活動に対して態度を留保していました。アメリカから戻ったあとヒルシュベルクで催した最初の教会会議《ズィノーデ》において、彼は自分の憤懣をはっきりと表しました。というのは、エルトムートを含めた自分の代理人たちが、あの《全面的認可》によって独自なモラヴィア教会に向かっての重大な一歩を踏み出していたからです。これに反してツィンツェンドルフは、同胞教団では領邦教会内の刷新運動以外の何ものも認めたくなかったのです。彼は、多くの反対者たちが自分たちを押しやろうとしている、分派という片隅に同胞教団が立たされるかもしれないということを、もはや恐れるほかありませんでした。しかし、彼の忠実で有能な協力者たちのほとんどは、〔彼の〕この考え方を理解しないでいたか、もしくは理解しようと思っていなかったのです。彼が憤激し皮肉を込めて言ったように、ツィンツェンドルフの不在中、《モラヴィア教会は明るい希望に満ちて》[2]いたのです。

ツィンツェンドルフの意見によれば、エルトムートも同じく《モラヴィア派》の側に引き入れられすぎていました。彼女のさまざまな旅の成果に関しても、彼はそのすべてに同調していたわけではありませんでした。例えば、彼は、彼女がエーバースドルフの会議で柔和さと譲歩を示しすぎたと批判しました。

ツィンツェンドルフはヒルシュベルク教会会議で方針をもう一度劇的に切りかえようと試みました。その強い説得力によって、彼は自分の目指す方向にすべての人を誘い入れることができました。最高会議は解散されました。それはツィンツェンドルフの旅行期間のためだけに設置されたものだったからです。

財　政

エルトムートのこれから先の《職務生活》はいったいどのようになっていくのでしょうか。彼女の管轄範囲はいままでいつも、財務の管理という《経済部門》でした。しかし、この任務範囲はこの間にも非常に大きくなり、全体が良く見渡せないものになっていました。そのためヴェッターアウの財政はすでにずっとまえからヘルンフートの財政とは分離され管理されなければなりませんでした。一七四〇年からエルトムートは、協力者また助手としてニュルンベルクの商人であるヨナス・パウルス・ヴァイスを得ていましたが、彼は彼女の旅にもつき従っていました。彼女の不在のあいだは、ヴェンツェル・ナイサーがヴェッターアウで仕事を行い、また、ヘルンハークの建設を促進させるため、オランダの出資者の援助によってビューディンゲン政府との巨額の先物取引を取り決めていました。

エルトムートは、マリエンボルンでの金銭取引量が自分のふだんの扱い高よりも非常に多く、もっと大胆かつ無謀に進められていたと聞いたとき、いやそれ以上に、自分が帰還したあと確認せざるをえなかったとき、《驚き》(3)ました。

しかし彼女にはもはやそれに反対して自分の意志を押し通す力はありませんでした。度重なる病気のため衰弱し疲労困憊して、彼女は財務管理からますます身を引きはじめ、これ以上責任を引き受けることを拒否しました。教団での活動は充実していたものの、困難だった建設の仕事、たびたびの居住地の移転と力を消耗させるさまざまな旅、そして一二回の出産という二〇年間を経た時点で、彼女が身体的に消耗し疲れ果てていたというのは、決して不思議なことではありませんでした。彼女は《あらゆる責任からの解放と休養》[4]にあこがれていたのです。

彼女は、一七四〇年に生まれ、健やかに育っていた、最年少の娘エリサベートをとても楽しみにしていました。エルトムートはしばしば彼女を自分の旅に連れて行きました。

新しい宗教的言葉づかい

エルトムートの生活の中心は〔一七四〇年から一〇年ほどの〕この間、ツィンツェンドルフ家が住み、またクリスティアン・レナートゥス・ツィンツェンドルフを取り囲む学生たちのグループが入っていた《神学校》も置かれていた、マリエンボルンの館にありました。新しい入植地ヘルンハークにおいても、多くの青年たち、つまり未婚の兄弟姉妹たちは、それぞれの〔年齢区分に応じた男女別々の〕会の家にいました。

娘エリーザベトを伴ってヘルンフートからシュレージエンの教団へ旅立つツィンツェンドルフ伯爵夫人エルトムート・ドロテーア／フリードリヒ・フォン・ヴァッテヴィレによる水彩画

エルトムートに対して《ママ》という呼び名がすでに定着していたことから、ツィンツェンドルフもペンシルベニアからの帰還後、若い人々にとっては熱狂的に敬う父親のような友人であったため、みなから《パパ》と呼ばれるようになりました。

この間、ツィンツェンドルフは多くの新しい神学思想を発展させました。それらの思想は若々しい崇拝者たちのグループに熱狂的に取り入れられていきました。そのグループには、彼の子どもたちベニグナとクリスティアン・レナートゥスのほか、アンナ・ニッチマンと、イェーナ出身の学生であり、二、三年来ツィンツェンドルフの忠実な信奉者となった、ヨハネス・ラングートが属していました。

新しい宗教的言葉づかいのはじまりは、ツィンツェンドルフのアメリカ旅行まえの時代までさかのぼります。そのころツィンツェンドルフは教団に次のようによく教え込みました。《小羊と血は、ここでも天でも、最高の宝である！》[5]と。小羊は、ロココ時代において純真さや清らかさのために好んで用いられた、一つの象徴でした。しかし、キリストは《世の罪を取り除く神の小羊》[6]であって、人間のために犠牲となられました。すなわち、《血と傷痕》の表象が純真さと無邪気さの理想像と一体になっていったのです。

エルトムートも、日記に記載している通り、教団の新しい敬虔の《キーワード》である、《小羊と血》という概念を進んで取り上げました。彼女は一七四二年エーバースドルフで、多くの節からなる《小羊と血、あなたは最高の宝！》と題した一つの歌を創作し、そのなかで同胞教団の新しい精神を次のように表現しました。もし自分が感情と理性とのあいだの選択のまえに立たされるなら、自分ははっきりと感情の方を取ることにしたいと思うのです。つまり、《……心が頭を回心させるのだからです……》[7]と。

教団のなかで、とりわけ若い人たちに広がっていた、その言葉づかいや雰囲気は、感情的で、楽しげで、そして子供らしい遊びのようなもので、ツィンツェンドルフは独自の造語をもってそれに関与したのです。

とはいうものの、教団の成員たちすべてが伯爵のようにこの若者文化にそれほど熱中していたわけではありませんでした。年長で分別ある彼の協力者たちの多くはそれに対して多大な危惧《フォーアベハルテ》を抱いていました。すでに一七四二年、ある人がツィンツェンドルフに書面で、ヨハネス・ラングートはヘルンフートでのある小礼拝のとき、ただ《血と傷痕》についてのみ話し、ローズンクや本文を解説しないで、《たとえ読み上げたとしても、いつも同じことを話し、ある集会では恐らく二〇回くり返している》、と苦情を訴えていたのです。(8)

ヘルンハーク

たしかに保守的な兄弟たちと姉妹たちも、この新しい朗らかで解き放たれた気分がとてつもなく大きな魅力を及ぼしているということを認めざるをえませんでした。ツィンツェンドルフの《血と傷痕の神学》の背後にはまさに、キリストの救済行為による解放の教理があり、それに関する信仰によって、身体、魂、そして霊をそなえた人間全体が把握されていたからです。

いままで生活の聖化のために虚しく努力してきた、まさにまじめで決然としたキリスト者でさえある人々が、新しい入植地ヘルンハークへ障害を押しのけ我も我もと突き進んでいったと言われます。とりわけ未婚の女性たちや男性たちは受け入れられることを切望しました。いまや多くの裕福な市民と貴族が同胞教団に加わり、そのため大々的な計画と建設が可能になりました。二階建ての住宅と会の家が大きな四角形の広場の周りに配列された、後期バロック様式の大規模な施設が建てられ、そのなかには大きな教団広間が含まれる《リヒテンブルク》もつくられ、そこに一七四七年、伯爵の家族が入居しました。

首尾よく公的職務すべてから退いていたエルトムートは、ヘルンハークではすべての面で尊敬され愛される《ママ》であり、貴族を含む多くの訪問者が彼女を表敬訪問しました。ヘルンハークについての悪い噂も善い噂も広まり、通過する旅行者たちに燃えるような好奇心を惹き起こしました。訪問者たちに入植地をくまなく案内するとき、エルトムートは教団の精神と生活について多くのことを説明し、誤解を正すことができました。そこには、会の家や教団広間のほかに見るべき多くの〔手工業者の〕仕事場、何よりもまず名高い美術家具職人アブラハム・ローエントゲンの仕事場、そして画家ヨハン・ヴァレンティン・ハイトのアトリエがありました。そのほか〔訪問者のため〕、多くの楽曲が演奏され、創作され、そして想像力に溢れるさまざまな祝祭が催されました。

とても嬉しいことに、エルトムートは一七四六年、エーバースドルフの自分の兄と義妹、ハインリヒ二九世とその妻テオドーレをヴェッターアウの館に迎えました。この夫婦の三人の子供たちはヘルンハークの教団に加わることになっていました。兄の一家とともにエルトムートは、ライン川を下ってオランダへの船旅に出ました。

五月一二日、彼らはユトレヒト近郊のゼイストの館に到着しました。この壮麗な屋敷は、同胞教団に帰属する、アムステルダムの富裕な市民コルネリウス・シェリンガーから少しまえに入手したものでした。ここにおいて六月一〇日から一九日まで、同胞教団の教会会議が行われ、そのとき家族の大きな祝宴も催されました。ツィンツェンドルフの最年長の娘ベニグナはヨハネス・ラングートと結婚し、その後、夫ヨハネスはフリードリヒ・フォン・ヴァッテヴィレの養子になり、ヨハネス・フォン・ヴァッテヴィレと呼ばれました。

結婚の宗教

花嫁の父ツィンツェンドルフがこの若いカップルの結婚式の司式をしました。その式辞のなかで彼は、同胞教団における結婚に関する彼独自の思想を簡潔に表現しましたが、その思想は、のちの彼の多くの講演のなかにも見いだされ、教団の指標となりました。その思想に関してツィンツェンドルフが出発点としていたのは、いつものように、聖書でした。

オランダ旅行。記載文：《（エリーザベトが）お母さんやその兄夫婦と一緒に、その上さらに〔教団の〕多くのほかの兄弟姉妹と連れだってライン川をヨットに乗りオランダに向かって旅をする》／フリードリヒ・フォン・ヴァッテヴィレによる水彩画

使徒パウロはキリストと教会共同体との関係を結婚に譬えています[9]。つまり、全体としての教会共同体はキリストの花嫁なのです。結婚による共同体の表象で分かるのは、教団がその主と親しく結ばれていることです。すなわち、ツィンツェンドルフにとって、すべての人は、たとえ男性であっても、女性として想い描かれなければなりません――彼らはこの世の生活の期間に限って《生まれながらの状態[10]》にあるということなのです。したがって、ただ独りの《夫》はキリストなのです。世俗の期間でのこの世の結婚における男性である配偶者は、キリストの代理人、すなわち《代理人キリスト[11]》です。それにしたがえば、ツィンツェンドルフの見るところ、結婚による一体化とは一つの《礼典的行為[12]》であって、それは、救い主との将来の一体化の写しという神秘なのです。

それゆえ、結婚はツィンツェンドルフの《結婚の宗教》において新しい霊的な意味を得るのです。夫は妻のため《救い主に代わる彼女の祭司であって、彼女とともに小さな家の教会》を建て、彼女に対して自分を《救い主のように示す[13]》べきなのです。夫たちは妻たちに対して《その天使、その召使い、その喜びの助手、そしてその至福の執事[14]》であるべきなのです。

エルトムートはこのツィンツェンドルフの考え方を以前から信じており、彼女は妻として、夫の神学的構想すべてもそうであるように、この《結婚の宗教》の成立もともに体験しかつ追体験してきました。自分の結婚記念日である一七四九年九月七日に催されたヘルンフートでの《結婚記念パーティー》

について、彼女は息子に次のように報告しました。

私たちの愛しい小羊さんは驚くほど私たちの近くにいらっしゃったのです。私の永遠の夫は、ご自分が、十字架において私を解放し、その御腕のなかで私を眠らせてくださる、真実な御方であるということを、私の心に新しくお示しくださいました。私は一日中……このように思っていました。すなわち、ああ、私を独りにしてください、私の夫と彼のものである私とは、結婚した者たちの小さな部屋のなかで自分たちだけでお話しするのです……と[15]。

それゆえ《教団の結婚》においては、《祝祭的・礼典的な祝福[16]》と性に関する悦びがありました。同胞教団外の数多くの敬虔主義のさまざまなグループにとって、それは何か非常に卑猥なことに思われました。というのは、彼らにとって性的欲望は罪深いものと見なされていたからです。結婚にはただ、子供たちを生み出すという目的しかありませんでした。そういうわけで《結婚の宗教》は、この数年のあいだツィンツェンドルフに反対して市場に出回った、広範な論争書の主要テーマになりました。同胞教団で《自然なこと》について《少し自由に[17]》話されているということさえ、嫌悪の念を抱いて心に留められました。ツィンツェンドルフのある反対者は次のように憤慨して報告していました。この人〔ツィンツェンドルフ」はある集会において、《教団の医師は……兄弟姉妹たちに解剖学的構造全体を説明すべきである[18]》と提案していたと。

ツィンツェンドルフにとって、性は神の創造の賜物であって、そのことから、彼はその時代において性的事柄に対して非凡なこだわりのない立場を持つようになったのです。

ツィンツェンドルフ伯爵夫人とアンナ・ニッチマン

外部からの攻撃がツィンツェンドルフ個人に対しても向けられました。つまり、彼は夫婦間の貞操を厳密に考えているのだろうかと。最も親密な協力者の一員であり、またさまざまな旅行で彼に付き添っていたアンナ・ニッチマンとの関係はどのようなものだったのでしょうか――彼の妻はそれについて何と言っていたのでしょうか。彼女がアンナ・ニッチマンよりも不当に冷遇されることはなかったのでしょうか。ツィンツェンドルフが二、三年のあいだであっても彼女を《教団の母》に任命したのですから。

アンナ・ニッチマンは一七二五年一〇歳のとき両親とともにモラヴィアからヘルンフートへ来ており、少しのち伯爵家でツィンツェンドルフの娘たちの教育係として生活していました。一七三〇年、彼女は姉妹たちのなかの若い娘たち全体の長老となりました。ツィンツェンドルフは彼女の優れた牧会能力を見抜き、彼女に姉妹たちに対する牧会の指導をゆだねました。それで彼女はこの点で、ほかのさまざまな職務を十二分に負わされていた、エルトムートに取って代わったのです。しだいにアンナ・ニッチマンはツィンツェンドルフの最も親密で不可欠な協力者になりました。それというのは、教団における牧会の働きがますます彼の最も重要な関心事になっていったからです。

《巡礼教団》の初期において、ツィンツェンドルフは牧会者として、つらい信仰の危機のなかにあった若いアンナを支えてきました。当時、彼がある詩のなかで言っているように、熱狂的な素質をもつこの若い娘は彼を《あまりにも愛し崇めすぎて》[19]いました。そこで彼は、一方で彼女の協力をきっぱりと断ることができず、他方であらゆる悪い噂の矛先を巧みにかわしたいと思っていましたので、アンナの父に自分を養子にしてもらったのです。そのようにして彼は、兄また妹として、自分たちはさらに引き続いて煩わされずに一緒に働くことができると考えました。もちろんこの見込みは見せかけだけのものであることが明らかになりました。すなわち、ツィンツェンドルフとアンナとの関係が敵対者たちからくり返し批判的に細かく調べられたのです。例えば、旅行にさいして、伯爵夫人は同行者たちとともに別の馬車であとから行きましたが、彼は何のためにしばしばアンナや他の協力者たちとともに馬車で先発したのでしょうかなどと。

エルトムートは、家政や財政の職務から退くまで、その立場からしてそれらの任務範囲における二、三人の協力者仲間を持っていましたし、それに加えヘルンフートにおける地方領主でした。したがって、配偶者の活動のさまざまな場所や範囲は彼女とは異なっていました。ここに《別々の馬車》であったという理由があったのかもしれません。

それにしても、《戦士の夫婦》には、教団の会員たちとの親しい協力から夫婦関係に生じうる、さまざまな問題や危険が大変よく分かっていました。聖トマス島へ旅立つまえの一七三八年、ツィンツェンドルフはこの話題についてエルトムートに次のように手紙を書きました。エルトムートがある男性の協力者ととくに親しくなったとしたら、彼すなわちツィンツェンドルフは、《少しも嫉妬心（やきもち）を抱かない》つもりであり、たしかにそうすることを。

ほんとうに不安なことだと思いますが、しかし私は、私たちの親密なつながりは非常に純潔かつ神聖であり、それゆえそれほど脆くはなく完全なはずなのですから、あなたの心のなかで私を傷つけ、またそのつながりを損なうものとなるかもしれないなどとは夢にも思わないことでしょう。……というのは、私たちの婚姻というのは心の内奥に記されており、それは展開（運動）であって、いつまでも続き、しかもそこには、神に祝福された情動（情熱）の傷つきやすさというものは、わずかしかなく、サクラメント的な行為は別にして、何と言ってもやはりすべてにまさり、完全な存在また岩のようなものだからです[20]。

それゆえツィンツェンドルフは、エルトムートとの結婚の《親密なつながり》が何ものによっても、まただれによっても損なわれえないと固く信じて疑いませんでした。協力者たちとエルトムートの関係をそう思っていたように、姉妹たち、とりわけアンナ・ニッチマンと彼の関係も、ごく自然なものと思っていたのです。結婚のこの《岩》という彼の考えがあまりにも確固としたものでしたので、彼にはそれが《打ち砕かれる》かもしれないということはまったくありえませんでした。

アンナ・ニッチマンに関する多くの噂話について、エルトムートは決して意見を述べませんでした。彼女は〔自分の幼い娘たちの〕かつての御付き〔＝アンナ・ニッチマン〕と仲がよいことをいつも示していたのです。とはいうものの、回数の多い長期間の別居によって、夫婦仲は徐々に冷えてきていました。しかも、ツィンツェンドルフがヘルンハークに滞在しているとき、彼は自分の若い協力者仲間によって独占されていたのです。

たとえエルトムートの力が衰えたとしても、神の国のための共同の働きである《戦士の結婚》の目標は不動のままでした。ツィンツェンドルフは、〔自分に対する〕協力へ彼女をくり返し誘おうとしました。一七四八年、彼がかなり長期間に及ぶイギリス滞在を計画したとき、《愛するママには……とくにこの件で並はずれた幸運の資質と才能[21]》がありましたので、エルトムートはフリードリヒ・フォン・ヴァッテヴィレとともにもう一度《首席執事職《ゲネラルディアコナート》》を引き受けることになりました。ツィンツェンドルフが妻の経済的手腕に対して限りない信頼を抱いていたからです。彼女が教団の財政を自分の折紙つきの手中に収めているかぎり、すべてはうまくゆくでしょう。しかしエルトムートはしぶしぶ説得されたにすぎず、実際にこの職務に携わることはもはやありませんでした。彼女がただの《ボランティア[22]》、すなわち助言するだけの役目でいられたら、そしてもはやいかなる責任も持たないでいられたら、いちばん良かったのですが……。

ヘルンハークからの出発

ヘルンハークでは人々は祝祭を行うのが得意で、エルトムートは心をこめて考案されたさまざまな祭典の中心人物になりました。一七四七年一一月の彼女の誕生日に未婚の姉妹たちが最初に会の家で愛餐会を行い、そこに彼女らは白い衣装を着て現れ、《そしてかけがえのない愛するママに向けてかわいい小歌曲を》唱い演奏しました。未婚の兄弟たちも負けまいとして、ツィンツェンドルフ一家を彼らの家に招待しましたが、そこの壁は《樅《もみ》の木の枝が編んで飾られ》、床は《砂と緑の縁どりで》おおわれ、そのため広間は《気持ちのいい庭園(23)》のようになっていました。洞穴のある岩屋と噴水のある池によって、その景観はより完全なものにされていました。

しかし、ヘルンハークでの明るく楽しい生活には、しだいにある不均衡が生じてきました。一七四八年、ツィンツェンドルフはロンドンに旅立ち、息子クリスティアン・レナートゥスを兄弟たちの長老として、さらには全体の指導者として残して行きました。人を信用しすぎる彼は、全体の高揚した気分を利用する、二、三の無思慮な兄弟たちの影響下に陥ってしまいました。祝祭がますます常軌を逸したものになり、礼儀作法が守られなくなり、それに応じて年長の世代の戒めの声がより大きくなっていき、さらには外部の人々による攻撃がますます激しくなっていったのです。エルトムートでさえ災いが起こることになると考えましたが、それにしても自分の愛する《クリステル》が中傷されてほしくないと思っていました。最終的には、責任ある一人の兄弟から報告を受けたツィンツェンドルフが、ロンドンから《処罰の手紙》を送り容認しえない状況を終わらせ、息子をイギリスの自分のところへ呼びつけたのです。

その後わずか数ヵ月の一七四九年一〇月、ヘルンフートの人々を自分の国に呼び寄せていたエルンスト・カージミーア・フォン・ブューディンゲン伯爵が亡くなりました。同胞教団に対して極めて拒絶的に対峙している後継者〔グスタフ・フリードリヒ・フォン・ブューディンゲン〕と行政事務官たちは、速やかに入植地を閉鎖することにしました。一七五〇年二月一五日の領邦君主の勅令により、三年以内にヘルンハークは明け渡されなければならないことになりました。三日後、最初の兄弟たちが〔他へ〕移住し、三年後には一千人の住民すべてが引き払い、入植地は空になり、崩壊しました。※

のちにツィンツェンドルフは、ヘルンハークにおいて宗教的に感情が高揚したこれらの年月を《ふるい分けの時代》と呼びましたが、そのとき彼はイエスの言葉を考えていたのです。《サタンはあなたが

※　Ernst Casimir von Büdingen（一六八七～一七四九年）は、一七一二年の寛容令「特権と自由（PRIVILEGIA und Freyheiten）」という既得人権を保証する進歩的公文書によって知られる、イーゼンブルクとブューディンゲン伯爵領の君主である。彼は、系譜学者また紋章学の祖フィリップ・ヤーコプ・シュペーナーとその運動である敬虔主義（本書一五頁参照）に関わるようになり、ツィンツェンドルフ伯爵とその名のもとにあるヘルンフート同胞教団の誕生と発展を支援した。また伯爵のため、ブューディンゲン近隣の丘陵地ヘルンハークの自由な使用を許した。父君逝去後、二人の息子いずれも「後継者」となっていたが、一方のGustav Friedrich（一七一七～一七六八年）による「勅令」は、経済的にも伝道的にも成果の多い同胞教団がブューディンゲン伯爵領にとどまるための条件として、その成員すべてに領主である自らへの臣従の誓約を要求したが、拒否されたために公布された。

たを、小麦のようにふるいにかけることを願って……》[24]と。ツィンツェンドルフは、この試練の時代の結果、教団が精錬されたものとなっていくよう望みました。

エルトムートもここ近年の逸脱についてよく考えてみました。クリステルが自分は長老として失敗したと思っていましたので、彼女は、ロンドンで厳しい自責の念であれこれ苦しんでいる、彼のことを心配しました。《いちばん大切な愛しい人、クリステルちゃん》への手紙のなかで、彼女は一七四九年冬、彼だけのためにヘルンハークに留まっていました。そうでなければ、彼女は誰よりもさきに《ひそかに出発していたでしょう。というのは、私にはこれから何が起こるか予測できたので、その重圧によって、私は死んでしまいそうだったからです》と彼〔クリスティアン・レナートゥス〕に告白しました。当時の心況を分析するため、彼女は、縦刃の先の高低〔で耕す深さ〕を調整できる、犂《すき》の表象を用いました。

> 私はときどきこのように言ってきました。私たちはすでに最後の穴のなかに杭を差し込んだと思っているのですが、もしもっと長くこの世にいたいと願うなら、救い主は別にまた三つか四つの穴をお空けになり、要求を引き下げたり引き上げたりなさるでしょう。[25]

ニコラウス・ルートヴィヒそしてエルトムート・ドロテーア・フォン・ツィンツェンドルフ／1750年
ヘルンフートにおける教会会議での保険教令の公布の一部：J. V. ハイトによる油絵

エルトムートはヘルンハークの閉鎖ののち住居を再びヘルンフートへ移しました。ザクセンの選定侯はツィンツェンドルフの追放を一七四七年に撤廃しました。それにもかかわらず、伯爵はほんの短期間ヘルンフートに戻ったにすぎませんでした。彼はイギリスに生じた新しい教団での仕事を非常に重要だと思い、一七四八年末から一七五五年まで——一年間の中断を含めて——ロンドンに滞在したのです。

第七章　晩　年

このようにツィンツェンドルフ夫妻は長期間別々に暮らしていました。エルトムートは健康上の理由から、イギリスへ一緒に転居したいとは思いませんでした。そのうえ彼女の存在はヘルンフートにおいて不可欠でした。ヴァッテヴィレと法律家ケーバーと共同で、彼女は、同胞教団が一七四九年から称していた通り、新たに形がととのえられつつあった《同胞一致教団》ザクセン＝オーバーラウジッツの財政を管理していたからです。しかし健康が許す限り、伯爵夫人は毎年、ツィンツェンドルフがロンドンで催した教会会議あるいは《大会議》への難儀な旅をしていました。

クリスティアン・レナートゥス

エルトムートの三人の娘たちであるベニグナ、アグネス、エリーザベトが〔母と〕同じくヘルンフートで暮らしていたのに対して、〔息子である〕クリスティアン・レナートゥスはロンドンで父の助手としてまた未婚の兄弟たちの会における牧会者として働いていました。彼はこれらの職務において一七五〇年、ドイツ、オランダ、そしてスイスにある教団を巡るツィンツェンドルフの一年間の周遊の旅に同行しました。それに引き続いて彼は一七五一年夏、二、三週間ヘルンフートで過ごしましたが、それは、唯一の息子に特別な愛着を感じていた母にとって心から嬉しいことでした。

一七五一年八月二九日の別れのとき、母と息子は離別を受けいれることがなかなかできませんでした。クリステルはすでに三度旅行馬車に乗り込んでいましたが、母に《愛情こもった別れの言葉をもう一度告げる[1]》ため、その度に三度〔馬車から〕飛び出しました。自分はもはや彼女に会えないであろう、これが最後の別れであると、彼は予感していたのでしょうか。

一七五二年三月七日、娘ベニグナ・フォン・ヴァッテヴィレは息子ヨハン・ルートヴィヒを産みました。エルトムートははじめて祖母になり、孫を見て心から嬉しく思いました。

それから間もなく彼女はロンドンにいる息子の重い肺病の知らせを受け取りました。彼女はもちろん直ちにイギリスへ出発したいと思いましたが、自らも重い病気になっていましたので、旅行をすることができるまでには、多少時間がかかりました。〔その間に〕クリステルの体調変化の報告が届き、あまりにも憂慮すべき容態のように思えましたので、五月末、エルトムートはもはや出発を延期することができませんでした。

ツィンツェンドルフ伯爵クリスティアン・レナートゥス
／J. V. ハイトによる油絵

ゼイストのすぐ手まえの、オランダのアメルスフォールトで六月一〇日、ある兄弟〔＝教団メンバー〕がエルトムートを出迎えました。彼は、クリスティアン・レナートゥスが五月二八日ロンドンで亡くなったという知らせを携えてきたのです。伯爵夫人はくずおれ、さらに旅を続けることは考えられませんでした。同行者たちは彼女をゼイストへ連れて行き、彼女はそこで何週間ものあいだ病気で伏していました。彼女は〔人々から〕熱烈に愛された息子のあとを追って永遠の世界へいけたら、いちばん良かったのでしょうが……。彼女は、ロンドンでツィンツェンドルフの協力者グループに属していた、自分の甥であるハインリヒ二八世・フォン・ロイスとたくさんの手紙をやり取りしました。

ああ、親愛なるハインリヒ、この世は私にはとても狭すぎます。〔自分でも〕驚くほど別世界に心引き寄せられており、そこにはいま神に選ばれた私のクリステルちゃんがとても幸せでいるのです。彼はきっと私のことを考えて、愛しい小羊さん〔＝キリスト〕に私を慰める優しい言葉をゆだねていることでしょう。というのは、彼がその最後の手紙のなかでも書いていたように、僕については心配しないようにという、心遣いが生涯を通してたしかにあったからです。何よりも次のことを考えてみてださいな、〔その手紙を〕注意深く見ると、最後に「今度はさようなら」とあるのです。彼は私宛ての手紙にこのように書いたことがありませんでしたし、私へのいつもの結びではありませんでした。ですから、あれは私への別れのあいさつだったのです。ああ、やめなければなりません、さもなければ〔恥ずかしくてあなたに〕もはや会うことができなくなります。私がいまだにここにいるということを、どのようにお考えですか。どんな成り行きになるのか、私自身にも分かりませんが、にもかかわらずなおこのようなありさまなのです。最初の週、私は健康のために旅行を考えることさえできませんでした。というのは、部屋を横切ることすらできないくらいだったからです。今週ようやく、試しに馬車に乗りはじめたところです。

追伸　パパが、自ら私のところに来ようと決断（決心）なさったかもしれないと、私に思ってほしいと何人もの人々が望んでいますが、しかし私には大いに疑問です。というのは、私は、自分には良いことがやすやすと起こらないと考えているからです(2)。

こうしたつらい日々にこそ夫が自分のそばにいてくれたら、エルトムートはどんなにか喜んだことでしょう！　しかしツィンツェンドルフ自身も病気になってしまい、彼女に会いにオランダへ旅することはできませんでした。彼は、彼女がゼイストから再びヘルンフートへ戻りたいと思っていると聞いたので、ロンドンへ来るよう彼女に懇願するよう指示を携えた、使者を送りました。その結果、彼女は〔息子クリスティアン・レナートゥス帰天の地への〕悲しい旅を選ぶことに決めました。《それゆえ私はその気にはとてもなれませんでしたが、〔ロンドンへ〕行く決心をし、……私を助けて困難から救い出してくださるよう、救い主に祈りました》と。

その後チェルシーで彼女はクリステルの墓前に立ちました。ロンドンの近くにあるこの地にツィンツェンドルフは最近別荘リンゼイ＝ハウスを入手していましたが、そこに同胞教会の新たな中心が生じることになりました。計画中の墓地の完成まで、テムズ川へ段丘形に傾斜している庭園のなかにクリステルのため一時的な墓を入手していたのです。

エルトムートはロンドン滞在のあいだに三回チェルシーへ出かけていきました。《そこは私にはつらいけれども不思議に愛着心を抱かせる〔感動的な〕場所なのです》と。その後彼女は《私の心の、最愛のクリステルちゃんをあとに残して、手ぶらで再び戻って(3)》いかなければなりませんでした。

九月七日、エルトムートは心打ちひしがれてヘルンフートに帰着し、娘たちにまた最も身近な姉妹たちに出迎えられました。すべての人が感じたのは、彼女はもはや〔以前と〕同じ人ではなく、深い痛手を受けた女性として帰還してきたということでした。彼女の義姉テオドーレ・フォン・ロイスは日記に次のように書いています。《……神の祝福を受けたクリステルのことを口にしてはならず、このことは私たちの心に重くのしかかっています。それでもやはりだれもがそのことをいずれ忘れてしまうことを彼女がいかに恐れているかも、みなが心に留めています[4]》。

クリステルの死がエルトムートの生きる勇気と意欲とをくじいたように見えました。彼女はもはやどんな活動も勇気をふるってやってみようとすることができませんでした。《私はすでに毎日このようにどん底にあってどれほど弱いか、言い表すことができません》。ベニグナが夫ヨハネス・フォン・ヴァッテヴィレとともに一七五二年末ロンドンへ旅をしたいと言い出したとき、エルトムートは自分がまったく見捨てられたと感じ、暗い気分で甥に次のように手紙を書いています。

それゆえ、私はまったく孤独になるのでしょうし、私の終生の夫とはまったく別の家政がはじまることでしょう。〔その家政は〕以前よりもさらにもっと正確になり、さらにもっと思いやりのあるものになるでしょう。しかし、私の（決定）が多くをなすことも効果的であることも、恐らくなくなるでしょう……[5]。

財政危機

一七五三年春、ようやくエルトムートは鬱状態から少し抜け出して、再び教団の活動に積極的に参加

フォン・ヴァッテヴィレと結婚したツィンツェンドルフ伯爵令嬢ベニグナ・ヘンリエッテ・ユスティネ

していったようです。それはぜひと求められたことでもありました。というのは、同胞一致教団のイギリスおよびオランダの支部が深刻な財政危機に陥っていたからです。

ツィンツェンドルフはさまざまな大きな計画と事業にさいして、慎重さを欠いた融資を受けてきた結果なのです。例えば、リンゼイ＝ハウスの購入にさいしてそうでした。彼はかつて教会会議の席で、《救い主の金庫に把手》があれば《二、三百万を》えることができるのに、と物欲しそうに発言しました。それに対して彼の性格を知っていたヨハネス・フォン・ヴァッテヴィレは、《彼は気前の良さですぐに第二の（把手）を必要とするだろう(6)》と応じました。

一七五三年春、あるイギリス銀行家の破産によって、深刻な苦境が同胞教会にもたらされました。債権者たちが迅速な〔債務の〕返済を迫ったのです。ツィンツェンドルフは、自分に《この不運の責任がある(7)》ということを知って、ひどく困惑しました。彼は個人的に同胞たちのための保証を引き受けました。しかしそれは、ドイツの教団が《巻き添え(8)》にされ、しかもツィンツェンドルフの財産が損なわれる、ということを意味していました。エルトムートはできる限りのことを行いました。またしても彼女は装身具の売却で金策に努力し、教団のほかの会員たちに手紙で援助を願いました。彼女は嘆いて次のように書いています。

ああ、お金ってむずかしい。でも、どうか救い主が、これまでお金と不当に関わってきている人々も憐れんでくださいますように……。そうはいってもしかし、すべてがうまく行くには、どのようにことを運べばよいというのでしょうか。……むずかしいことです、かの地の窮迫と当地の重荷のどちらの事情も分かりますから……(9)。

しかし彼女はこの年、一七五三年のロンドンでの評議会には出席したくありませんでした。彼女は、《震えてばらばらに壊れそうである》自分の《小さな小屋》〔である身体〕と《財政困難》とを〔欠席の〕言い訳にしました。彼女の出席を計算に入れ、また当然のことながら神経質になっていた、ツィンツェンドルフは評議会で悲嘆の声をあげました。

ママは完全に身を引いてしまいました！　彼女は自分の計画についてはっきりと説明すべきです！……彼女は、もう一度仕事に着手したいのか、あるいは——今後は家のミツバチでありたいのかどうか、説明すべきです！(10)

ヘルンフートでのエルトムート

ロンドンへ行かなかったとしても、それでもやはり《家のミツバチ》はヘルンフートにある自宅で何もしないでいたわけではありませんでした。ここで彼女は、この村の発展のために活動的に関与する、敬愛される女性領主でした。美的感覚をもって彼女はヴァッテヴィレの助力のもと、ヘルンフートがいつでもさらに美しく手入れの行き届いた印象を与えるところとなるよう気づかっていました。庭園や生け垣がつくられ、ベルテルスドルフへと南下しフートベルクの墓地へと北上する菩提樹の並木道が敷設されました。

ヘルンフートは繁盛している手工業者の入植地となりました。訪問者たちは事業の多さや生産物の品質の良さをほめました。アブラハム・デュルニンガーは、店舗、工場、捺染《なっせん》と漂白工場を運営し、世界中に貿易関係があり、広く知られていました。ツィンツェンドルフ伯爵夫人は彼の有能さを充分評価していました。彼女は個人的に彼の工場を案内され、そのさい彼にいくつかの有益な助言を与えることができたのです。

ツィンツェンドルフの帰還

一七五四年、エルトムートは一四歳の娘エリーザベトを連れてもう一度ロンドンへ行く旅を引き受けました。彼女は息子の墓を訪れ、評議会に出席したいと思いました。ツィンツェンドルフが協力者スタッフと入居していた、《弟子たちの家》と呼ばれる、リンゼイ＝ハウスも彼女は見たいと思ったのです。そこには、会議の訪問客たちを収容できる大きな集会広間と座席もありました。ツィンツェンドルフは財政をそのために設置された委員会にゆだね、同胞教会の運営から完全に身を引いていました。彼はただ《弟子》、すなわち説教者また牧会者でありたいと思っていたのです。

この訪問のとき伯爵夫人は、財政危機が収まったなら、ツィンツェンドルフがやはり最後にもう一度ヘルンフートに帰還してほしいという、心からの願いを表明しました。彼女の提案通り、彼らは、ツィンツェンドルフ家の所有地のなかでは放置されていたグロースヘンナースドルフの館に一緒に入居することができるかもしれません。

ツィンツェンドルフはこの計画を《救い主の傑作(11)》と考えました。しかし、彼が一七五五年実際にヘルンフートへ戻ってきたとき、ツィンツェンドルフ伯爵と伯爵夫人の共同生活はもはや不可能と、すぐさま明らかになりました。二人の生活習慣があまりにも変わっていたからです。ツィンツェンドルフ

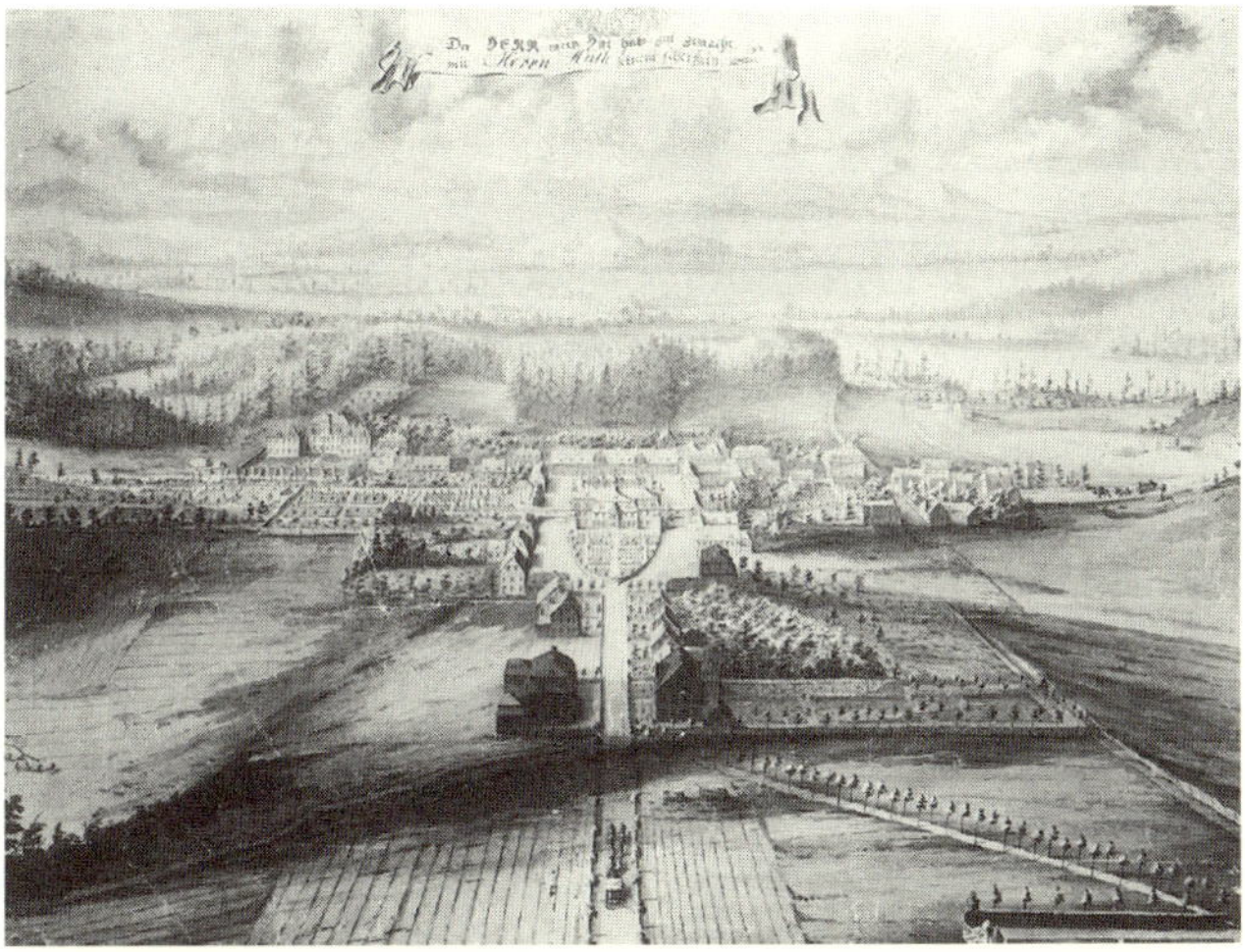

菩提樹の並木道から見る鳥瞰図によるヘルンフート（水彩画、1753年）

は《弟子たちの家》とともにベルテルスドルフへ移り、そのころ《ベテル》と名付けられた館に入居しました。

エルトムートは、旅のあとまたヘルンフートに戻って領主の邸宅に居を構え、そこに留まって住み続け、人々から大いに喜ばれました。教団における《長老会議》と指導的人物たちにとってその後はいつも、《いくつもの問題で私たちに忠告することができる、私たちの愛するママさまを、私たちのそばに再び得ているというのは、本当の意味での恵み[12]》だったのです。

《ママ・ツィンツェンドルフ》は慣れ親しんだ趣味の良い整った自分の《部屋》を領主の邸宅に持っていました。そこへ、助言と援助を必要とする人がみなやって来ました。朝六時ころから晩の一一時ころまで、兄弟姉妹たちが彼女のところに出入りしていました。伯爵夫人は優れた傾聴者であり、興味深い語り手でもありました。彼女には豊富な経験があり、各地へと旅行していたからです。ドイツ中をめぐった最近の旅行について一七五四年、彼女は誇らしげに次のように報告しています。

宿駅長や宿屋の主人夫妻がみな道すがら極めて好意的で、四年後に私に再会できて嬉しそうでした。というのは、私がこの辺りからいなくなって、かなり長く経っていたからです。私はほんとうに至るところで知られているのです。[13]

兄弟姉妹たちととても親しかったにもかかわらず、伯爵夫人は依然として作法や一定の距離を保つことに注意を払っていました。隅にあるソファー席やそのテーブルは彼女専用で、だれもあえてこの《隅》[14]を取ろうとすることなどしなかったことでしょう。彼女は姉妹たちと同じ服装をしていたにもかかわらず、そのたたずまいは依然として貴族階級の女性であることがはっきりと認識できました。このころのエルトムートの肖像画は、既婚婦人たちの会の一員であることを表す、白いかぶり物と青いリボンを付けたヘルンフートの服装の彼女を描いています。

ツィンツェンドルフ伯爵夫人エルトムート・ドロテーア／石版画

病気、そして死

一七五六年五月、《ママ》は目に見えて過度の疲労感に襲われ非常に衰弱していました。彼女を世話する大勢の人々がいました。娘たちと義姉テオドーレ・フォン・ロイスの他に、親しい姉妹たちが彼女のそばにいました。テオドーレの夫ハインリヒ二九世は一七四七年ヘルンハークで亡くなり、二、三年後、テオドーレはヘルンフートへ引っ越していたのです。彼女の息子の一人、ハインリヒ二八世を、ツィンツェンドルフは養子にしていました。もう一人のハインリヒ〔三一世〕・イグナティウスも同じくツィンツェンドルフの協力者グループに属していて、自分の母のようにエルトムートを愛していました。彼はほとんど毎日彼女を見舞い、その日記に彼女の近況について記録しています。

一七五六年五月二八日のクリステルの命日、伯爵夫人は《深い物思いに沈んで悲しみ、とても静かに》過ごしていました。彼女の疲労はますますひどくなりましたが、それにもかかわらず彼女は、ツィンツェンドルフが六月九日からベルテルスドルフにおいて催す、教団の《最高教会会議《ゲネラールゼィノーデ》》に参加したいと思っていました。すでに《身体の具合が非常に悪く》なっていたにもかかわらず、二日間、彼女は義姉テオドーレと娘たちを同伴して出席することができましたが、無理して《まさしく全力で持ちこたえよう[15]》としていたのです。しかしその後、彼女はヘルンフートで風邪をひき自分の部屋に留まっていなければならず、衰弱と睡眠時間は日毎に増してきました。

ツィンツェンドルフは、彼女に会うのはこれが最後であるとは夢にも思わず、六月一四日彼女を見舞いました。しかし、エルトムートさえも自分の容体についてはっきりとした自覚がなく、自分はまったく病気ではないと思っていました。それについて、ハインリヒ・イグナティウスは次のように言っていました。

彼女がすべてのことを忘れているというのは救い主の恵みのほか何ものでもありません。さもなければ彼女は、経済的諸問題を解決することにどれほど気をつかうようになり、また子供たちについてどれだけ心配するようになるか、分からないからです(16)。

一七五六年六月一九日の朝、エルトムートは永眠しました。居合わせた人々は、最期が近いのに気づき、讃美歌の数節を唱いました。そしてそのあと、ハインリヒ・イグナティウスの日記に書かれているように、《彼女は、ふっと吹き消される一本のろうそくのか細い〔火の〕ように息絶えました》。

ハインリヒ・イグナティウスはさらに続けて次のように伝えています。《そこには彼女の娘たち……そして、彼女の部屋にいつも入っていた、みながいました》。しかも、彼女の晩年日々そのままに、《彼女の部屋はその最期の直前まで兄弟姉妹の会合の場であり続け、彼女がその目を閉じるまで、出入りが絶えませんでした[17]》と。

ヘルンフートでは、鐘が鳴り、トロンボーンが臨終の讃美歌を吹奏しました。これが、教団で死亡を告知する方法なのです。兄弟たちと姉妹たちは〔礼拝〕広間に集まり、そこでフリードリヒ・フォン・ヴァッテヴィレが、《教団の真の後見人また乳母である、私たちの尊敬する姉妹、最愛のママが、花婿の御腕に移されました[18]》、と彼らに知らせました。

ヨハネス・フォン・ヴァッテヴィレがベルテルスドルフであの〔最高〕教会会議中のツィンツェンドルフに彼の妻の死の知らせを届けました。テオドーレ・フォン・ロイスが報告しているように、その知らせは彼にとって《まったくかつほんとうに思いがけず、しかもほとんど信じがたいものであり、それだけひどく狼狽する事態となり、彼は一言ヨハネスに言いました。「いまは私を完全に独りにしてくれ」。そして数時間閉じこもって、ほんとうに泣きたいだけ泣いていました[19]》。

埋　葬

六月二五日、近傍の貴族たち、寄宿学校の子供たち、教団員全員の参列のもと、伯爵夫人の埋葬が行われました。ツィンツェンドルフは――当時の慣習に従って――式には列席せず、ヘンナースドルフで独りその日を過ごしました。

喪に服す教団の人びとはヘルンフートの広場に集まりました。およそ二〇〇〇人が集まりましたが、姉妹たちは祝日用の白い装いでした。八人の奉仕者が棺を運び、そのうしろから《比類なき畏敬と平安の念をもった》行列がフートベルクの山を上って教団の墓地に向かって進んでいきました。《ヘルンフートの典礼指導者[20]》であるヨハン・ニッチマンが埋葬式を行いました。

六月三〇日、引き続きベルテルスドルフにおいて、亡くなった女性領主のための追悼記念講演が行われました。そのための聖句はツィンツェンドルフが選び出しました。

主は彼女を通しその大いなる力によって初めから多くの素晴らしいことをなしてこられた。彼女は賢く助言し預言し、聖書の助言と理解によって統治した。彼女は讃美歌を詩作した。彼女の子孫は契約にとどまっている。彼女への賛辞が消えることはないであろう。人々は彼女の知恵について話し、教団は彼女への賛辞を告げ知らせる。[21]

フートベルクの山にあるエルトムートの墓のために、ツィンツェンドルフは数年後次のような銘文を起案しました。

ロイス伯爵夫人より生を受けた
私たちの神の女性領主
一八世紀の同胞教会の
乳母である(22)
エルトムート・ドロテーア
フォン
ツィンツェンドルフ・ウント・ポッテンドルフ
伯爵夫人の亡骸が
一七五六年六月二五日から
定めの時のため
ここにある。
イエス・キリストの血が彼女を贖い
彼の霊が彼女に住み、

そして彼の亡骸である一粒〔の麦〕が彼女を変容させる。
なぜなら、彼は自ら復活であられるが、
そのいのちは死でもあったからである。
彼女は一七〇〇年一一月七日に生まれ
一七五六年六月一九日に永眠した。

エルトムートの死後

妻の死から二日後、ツィンツェンドルフは《ベテル》における教会会議の議員たちに向かって、《私たちの神の女性領主》であるエルトムートが、自分と同胞教団にとっての意義について次のように話しました。

彼女の存在によって得ていた無駄のない経済的やり方を、私たちは二度と手に入れることはないでしょう。……私は心の底から彼女の第一の家臣でしたが、そのために彼女は毎日さまざまな試練を受けてきました。私は〔規則〕執行、財政、経済の事柄でたいしたことを行ってきたわけではありませんが、それに対して彼女は意見の相違（反対）を決して表明しませんでした。それゆえ私も〔彼女の〕管理の事柄に干渉しないできました。ふつう（通例）夫というものは妻の頭なのですが、しかし彼女は自分自身の特殊な立場と使命にかかわりがあると思うやいなや、そうしたことの責任を自ら負わずにはいられないのです。……

彼は神の国の働きをはじめるに際して、金銭問題についてどれほど無知で、どんなに借金を怖れていたか、ということを次のように思い出していました。

異教徒たちの回心やその種のことのために費やされる、金銭のかかる事柄を遂行することについて、私は皆目理解が足りなかったのです。すなわち、一〇〇〇ライヒスターラーの借金は、私には返済しがたいものでした。しかし、彼女はあえてそれを行いました。それゆえここにヘルンフートがあり、さらにそれに加えて非常に多くのものがあるのです[23]。

ヘルンフートの拡張策のためにエルトムートがいかに重要であったかをこれ以上はっきりと言い表すことはできませんでした。彼女はよりたしかな眼差しで実現可能なことを見抜き、上手にやり遂げてきました。財務管理〔の責務〕がもはやその手を離れて、同胞教団がより厳しい財政危機に陥ったとき、彼女がいかに賢くやりくりしてきたかがようやく明らかになったのです。

一七四七年、エルトムートとの結婚二五年記念のお祝いの年、ツィンツェンドルフは彼女の人柄をさらに広範にわたり評価していました。彼は彼女の有能さと協調性に対する熱狂的な賞賛を次のように彼女にささげました。

私が二五年の経験から学んできたのは、私の助手が、何から何まで私の召命にふさわしいただひとりの女性であるということです。私の一族のなかで、いったいだれがこのように暮らせてきたたでしょうか。いったいだれが、世間の見ているまえでこのように他者に不快感を与えず暮らせてきたでしょうか。いったいだれが、無味乾燥な道徳を拒否して、このように賢く私の手伝いをしてきてくれたでしょうか。いったいだれが、これらの年月を通じてこれまでなされてきた、ファリサイ主義をこのように見分けてきたでしょうか。いったいだれが、時折好んで私たちと掛かり合いになった迷った精神の持ち主たちをこのように深く見抜いてきたでしょうか。いったいだれが、事情によって必要とあらば、これほど多くの年月のあいだ私の経済（家政）全体をこのように上手にやりくりし、しかもこのように余裕あるように管理してきたのでしょうか。いったいだれが、私の家政の詳細（雑務）をしぶしぶ引き受けながら、それでもなおこのように完全にやり遂げてきたでしょうか。いったいだれが、このように節約して、それでもなおこのように優雅に暮らせたでしょうか。いったいだれが、このように時宜にかなって（事情に応じて）謙虚でしかも誇り高く生きることができたでしょうか。……いったいだれが、その配偶者のあのようなさまざまの旅と試みを大目に見てきたでしょうか。いったいだれが、陸や海のあのような驚くべき共同巡礼の旅を引き受け持ちこたえ（耐え）てきたでしょうか。……いったいだれが、あのようにほとんど押しつぶされそうな種々さまざまの教団財政状態のなかでいつも堂々と振る舞って私を支援してきてくれたでしょうか。最後に、何かことが起こった場合、すべての人たちのなかで、その理解力と思索の気高さから考え、しかも私が巻き込まれたさまざまな神学的出来事すべてと掛かり合いになることなく考える人として、私の内面的かつ外面的な個性について真実でなるほどと思わせて確信させる証言を、いったいだれが提供できたでしょうか。[24]

ツィンツェンドルフは夫人の内面的かつ外面的な価値をこのように賛歌ふうに際立たせたにもかかわらず、彼女の死後、非常にはっきり気づいたのは、自分がとりわけ晩年における彼女をわずかしか評価してこなかったこと、また彼女に対して責任があるのはあくまで自分なのだということでした。彼は当然なこととして自分自身を非難し、《彼は、結婚生活においてキリストの御意に従う夫というものに対して妻が正当に期待してよい多くの点で、〔他の夫たちよりも〕劣っていた[25]》と自分を責めました。

エルトムートの死から一年後、ツィンツェンドルフは自分の長年の女性協力者であるアンナ・ニッチマンと結婚しました。この二番目の結婚生活は三年しか続きませんでした。夫妻どちらもが一七六〇年五月に相次いで急に亡くなったからです。

あとがき
——ツィンツェンドルフと同胞教団にとってのエルトムートの意義

ツィンツェンドルフがあのように感謝を込めてエルトムートを賞賛するのは、アイディアに溢れてしばしば度を越す天才肌の彼に対して、彼女が冷静かつ堅実であるという対極をなしていたので、彼にとって実に不可欠な《助手》だったからです。ツィンツェンドルフの伝記作者であるアウグスト・ゴットリープ・シュパンゲンベルクは、彼女は自分で考え行動する夫人であり、夫に劣っていることはまったくなかった、とかつて次のように明確に強調していました。

夫が妻よりも非常にすぐれている場合、妻は物事について自分ではあまり考えず、まるで夫が自分の父親であるかのように、自分が導かれていってもよいなら、その結婚はすばらしいとみなされます。しかし、私たちの伯爵と夫人については、そうではなかった。彼女はすぐさま夫君を心から愛し尊敬したが、単なる〔夫の〕写しになることはできなかった。彼女は豊かな分別で物事すべてを自分で考えたので、彼はこの点で彼女を姉妹や友人以上と見なさなければならなかった。彼は実際にそうしたのであり、しかもそれがまた別の種類のすぐれた面でもあったのである[1]。

それゆえ、エルトムートは決して〔ツィンツェンドルフの〕《写し》ではなく、彼女独自の秀でた考えを持っていました。他方で、彼女は神学と教会共同体指導の諸問題における夫の能力や権威を全面的に認めており、この領域ではすべて彼の影響下で動いた、すなわち彼の思想の所産を引き継いだと言えるのです。

同胞教団の経済的基盤に対する彼女の多大な功績はすでに言及しました。ツィンツェンドルフが追放されていた数年間は、エルトムートがヘルンフートと巡礼教団とのつながりを保ちましたし、ツィンツェンドルフのアメリカ旅行期間中は、教団の女性代表者の役を果たしました。また晩年には、《ママ・ツィンツェンドルフ》として、大家族の母のように、ヘルンフートの兄弟姉妹たちにとってある種の中心をなしていました。

しかし、エルトムート・フォン・ツィンツェンドルフが同胞教団にもたらした、これら《外面的な》業績すべての外にも、彼女の目立たない密かな働き、例えば、教団成立後最初の年の姉妹たちのなかでなされた牧会活動には、教団のなかで過小評価してはならない意義がありました。

彼女が創作した讃美歌は何よりもまず言及されて当然であって、それらのうち六〇以上が、補遺や付加を含めて一七三五年から一七四一年に収集された、ヘルンフート讃美歌集のなかに採り入れられています。

これらの讃美歌のなかにわたしたちが見いだすのは、強い信仰、すなわち、彼女の生活にともなう数々のとてもつらい経験にもかかわらず、何にも惑わされない神への信頼です。エルトムートは、際立って強い分別と断固たる意志を主の御意に従わせることを学ばざるをえませんでした。

それらの讃美歌のなかには、くり返し《静寂》、《静寂の在りよう》[2]という概念が現れます。この概念によって彼女が言おうとしていたのは、たとえ自分に神の行為が理解できないとしても、その神の行為のまえで沈黙するということでした。息子ダーフィトの死後、彼女はヨブのように言いました。《私は口に自分の手を置き、静かにしていたいと思います[3]》。この不言とは、すねることやあきらめることを意味しているのではなく、揺るぎない信頼の態度、すなわち救い主の御手から善い事態も悪い事態もすべて受け入れることができる敬虔を意味しているのです。この態度をもってエルトムート・フォン・ツィンツェンドルフは教団に生き方の範を示し、それを讃美歌のなかで伝えてきました。彼女が同胞教団のためになしてきたこれ以外の貢献すべてと並んで、このような敬虔は強調されるべきであって、それは教団の模範となっているのです。

エルトムート・フォン・ツィンツェンドルフが作曲し、同胞教団のなかで今でもしばしば歌われている、讃美歌の一節は次のようになっています。

あなたの御手に安らいで私たちは歩きます、
私たちを導かれる、主イエスよ。
私たちはあなたが誠実な御方であるのを知っており、
また、あなたが私たちに何かをあてがわれるとき、
あなたはなす力も与えてくださると
たしかに感じてきました。
あなたがつねづね期待なさること、
それは、安んじて身を賭すことです。(4)

文献目録

引用された資料と文献の略記

BEYREUTHER I, II, III: I. Erich Beyreuther, Der junge Zinzendorf, Marburg（1957）; II. Ders., Zinzendorf und die sich allhier beisammen finden, Marburg（1919）; III. Ders., Zinzendorf und die Christenheit, Marbilrg（1961）

BEYREUTHER, Studien: Studien zur Theologie Zinzendorfs, Neukirchen-Vluyn（1962）

CRANZ, Brüdergeschichte: David Cranz, Alte und Neue Brüderhistorie, in: N. L. von Zinzendorf, Mat. und Dok., Reihe 2, Bd. XI, Hildesheim（1973）

ERBE, Herrnhaag: Hans-Walter Erbe, Herrnhaag, Hamburg（1988）

G. REICHEL, Anfänge: Gerhard Reiche1, Die Anfänge Herrnhuts, Ein Buch vom Werden der Brüdergemeine, Herrnhut（1922）

G. REICHEL, Der 13, August 1727: Gerhard Reichel, Der 13, August 1727, Gnadau (1927)

G. REICHEL, Spangenberg: Gerhard Reichel, August Gottlieb Spangenberg, Tübingen (1906)

HAHN/REICHEL: Hans-Christoph Hahn, Hellmut Reichel (Hgg), Zinzendorf und die Herrnhuter Brüder. Quellen zur Geschichte der Brüder-Unität von 1722–1760, Hamburg (1977)

JANNASCH: Wilhelm Jannasch, Erdmuthe Dorothea Gräfin von Zinzendorf, Herrnhut (1915)

MÜLLER, Zinzendorf: Josef Theodor Müller, Zinzendorf als Erneuerer der alten Brüderkirche, Leipzig (1900; Nachdruck Hildesheim 1975)

RENKEWITZ, Hochmann: Heinz Renkewitz, Hochmann von Hochenau, Witten (1969)

SCHRAUTENBACH, Zinzendorf: Ludwig Carl Freiherr von Schrautenbach, Der Graf von Zinzendorf und die Brüdergemeine seiner Zeit, 2. Aufl., Gnadau/Leipzig (1871)

SPANGENBERG, Leben: August Gottlieb Spangenberg, Leben des Herrn N. L. Grafen und Herrn von Zinzendorf und Pottendorf, 8 Teile,Barby (1773–1775)

UAH: Unitätsarchiv Herrnhut

UTTENDÖRFER, Alt-Herrnhut: Alt-Herrnhut: Wirtschaftsgeschichte und Religionssoziologie Herrnhuts während seiner ersten zwanzig Jahre (1722–1742), Herrnhut (1925)

UTTENDÖRFER, Die Brüder: Otto Uttendörfer und Walther E. Schmidt, Hgg., Die Brüder, 3. Aufl., (1922)
UTTENDÖRFER, Frauen: Otto Uttendörfer, Zinzendorf und die Frauen, Herrnhut (1919)
WOLLSTADT, Dienen: Hans-Joachim Wollstadt, Geordnetes Dienen in der christlichen Gemeinde, Göttingen (1966)
ZBG: Zeitschrift für Brüdergeschichte, Herrnhut Jg. 1–14, 1907–1920. Reprint Hildesheim (1973)

エルトムート・ドロテーア・フォン・ツィンツェンドルフに関するさらなる文献

Martin H. Jung, Erdmuthe Dorothea von Zinzendorf. In: Frauen des Pietismus, Gütersloh 1998, S. 44–60
Peter Zimmerling, Erdmuthe Dorothea von Zinzendorf. In: Starke fromme Frauen, Gießen 1996, S. 9–21
Erika Geiger, Nikolaus Ludwig von Zinzendorf, Holzgerlingen 1999

原注

第一章　青年期

（1）RENKEWITZ, Hochmann, 338, Anm. 73による引用。
（2）JANNASCH, 410による引用。
（3）Ebd., 25.
（4）Ebd., 28, Anm. 4.
（5）Ebd., 33.
（6）Zinzendorf in Erdmuths Lebenslauf, JANNASCH, 36にある引用。
（7）Ebd., 348.
（8）RENKEWITZ, Hochmann, 389.
（9）JANNASCH, 372による引用。
（10）REICHEL, Anfänge 100–101による引用。
（11）SCHRAUTENBACH, Zinzendorf, 400による引用。
（12）JANNASCH, 41による引用。

(13) Ebd., 54.
(14) Ebd., 431.
(15) Ebd., 423.
(16) Ebd., 424.
(17) Ebd., 50.
(18) Ebd., 50.
(19) JANNASCH, 70による引用。
(20) SPANGENBERG, Leben, 220.
(21) JANNASCH, 71による引用。
(22) Ebd., 71.
(23) 一ヨハネ四章一九節、JANNASCH, 76参照。

第二章　新婚時代

(1) G. REICHEL, Anfänge, 190による引用。
(2) Ebd., 196.
(3) JANASCH, 86による引用。

（4）ZBG V, 1911, 96.
（5）G. REICHEL, Anfänge, 210.
（6）JANNASCH, 88 による引用。
（7）Ebd., 89.
（8）Ebd., 111.
（9）Ebd., 436.
（10）G. REICHEL, Anfänge, 211 による引用。
（11）JANNASCH, 88 による引用。
（12）G. REICHEL, Anfänge, 215 による引用。
（13）JANNASCH, 93 による引用。
（14）G. REICHEL, Anfänge, 219 による引用。
（15）JANNASCH, 91.
（16）UTTENDÖRFER; Alt-Herrnhut, 152 による引用。
（17）JANNASCH, 307 による引用。
（18）Ebd., 93.
（19）UTTENDÖRFER, Alt-Herrnhut, 145 による引用。
（20）Ebd., 149.

(21) JANNASCH, 98, Anm による引用。
(22) UTTENDÖRFER, Alt-Herrnhut, 145 による引用。
(23) JANNASCH, 104 による引用。
(24) Ebd., 105.
(25) Ebd., 94.
(26) BEYREUTHER II, 41 による引用。
(27) JANNASCH, 109 による引用。
(28) Ebd., 436.

第三章　ヘルンフートの女性協力者

(1) Ebd., 102.
(2) Ebd., 101.
(3) G. REICHEL, Der 13. August 1727, 22 による引用。
(4) ZBG VI (1912), 113.
(5) HAHN/REICHEL, 75.
(6) G. REICHEL, Der 13. August 1727, 32 による引用。

（7）HAHN/REICHEL, 106.

（8）《教団》（Gemeine）という言葉は一八世紀において《教会共同体》（Gemeinde）と並んでよく使われていました。しかし、後者はルター派教会の小教区のための教会法的な概念です。そういうわけで、ヘルンフートの人々は《教団》というこの名称を選んだのです。ベルテルスドルフ教会共同体のなかで、彼らは兄弟姉妹による一つの共同体を形成しようとするのです。Stephan Hirzel, Der Graf und die Brüder, Gotha 1935, 97 参照。

（9）HAHN/REICHEL, 107.

（10）UTTENDÖRFER, Frauen, 21 による引用。

（11）WOLLSTADT, Geordnetes Dienen, 93 による引用。

（12）JANNASCH, 119 による引用。

（13）Ebd., 119.

（14）WOLLSTADT, 76 による引用。

（15）JANNASCH, 122 による引用。

（16）Ebd., 124.

（17）HAHN/REICHEL, 32.

（18）UTTENDÖRFER, Alt-Herrnhut, 165, Anm. による引用。

（19）SPANGENBERG, Leben, 481.

(20) JANNASCH, 133 による引用。

(21) SPANGENBERG, Leben, 406.

(22) UTTENDÖRFER, Alt-Herrnhut, 158 による引用。

(23) JANNASCH, 134 による引用。

(24) BEYREUTHER II, 285.

(25) JANNASCH, 137 による引用。

第四章　巡礼教団の主婦

(1) Ebd., 165.

(2) Wilhelm Bettermann, Das Los in der Brüdergemeine, Zeitschrift für Volkskunde, Jahrgang 1931, Bd. III, Heft 3, 284.

(3) HAHN/REICHEL, 246.

(4) Zinzendorf an Erdmuth, undatiert (vgl. Jannasch 138, Anm. 4), UAH, R. 20.A.16d (101).

(5) BEYREUTHER, Studien, 110.

(6) CRANZ, Brüdergeschichte, 230.

(7) Zinzendorf in Erdmutha »Lebebslauf«, JANNASCH, 159 にある引用。

（8）Ebd., 163.
（9）WOLLSTADT, Geordnetes Dienen, 222 による引用。
（10）JANNASCH, 151, Anm. による引用。
（11）Ebd., 149.
（12）Ebd., 151.
（13）SCHRAUTENBACH, Zinzendorf, 162.
（14）Ebd., 161.
（15）Ebd., 162.
（16）JANNASCH, 123 による引用。
（17）Ebd., 104.
（18）Ebd., 138.
（19）BEYREUTHER III, 104 による引用。
（20）Ebd., 168.
（21）Erdmuth an Zinzendorf, UAH, R.20.A. Nr. 17 (83), JANNASCH, 169 にある引用。
（22）BEYREUTHER III, 115 による引用。
（23）SPANGENBERG, Leben, 957.
（24）Ebd., 958.

（25）Ebd., 960.
（26）JANNASCH, 174, Anm. による引用。
（27）SPANGENBERG; Leben, 977.
（28）Lebenslauf der Schwester Anna Nitschmann, in: Nachrichten aus der Brüdergemeine 1844, 593.
（29）JANNASCH, 176 による引用。
（30）Herrnhuter Gesangbuch, in: N. L. v. Zinzendorf, Materialien und Dokumente Bd.III, Hildesheim 1981, Nr. 1083.
（31）JANNASCH, 180, Anm. による引用。
（32）Ebd., 178.
（33）エルトムートの報告は次のようである。すなわち、《なぜ私たちがロンネブルクにとどまらなかったか、ということについての詳しい経過》、JANNASCH, 180 による引用。
（34）Diarium der Reise von der Ronneburg nach Frankfurt, 11. Oktober 1736, UAH, R.20.B. Nr. 9,2.
（35）Ebd., 22. Oktober 1736.
（36）JANNASCH, 183 による引用。
（37）Ebd., 190.
（38）SPANGENBERG, Leben, 969.
（39）JANNASCH, 191–192.

第五章　同胞教団の女性代表者

（1）BEYREUTHER III, 170 による引用。
（2）JANNASCH, 184 による引用。
（3）Ebd., 186, Anm.
（4）BEYREUTHER III, 179 による引用。
（5）HAHN/REICHEL, 156.
（6）JANNASCH, 201 による引用。
（7）Ebd., 267, Anm.
（8）Ebd., 208.
（9）Ebd., 209.
（10）ヘルンハークからエーバースドルフを経てヘルンフートへのその旅についてのいまは亡き母の日記帳、UAH, R 20 B 9, 4, 24. Januar.
（11）JANNASCH, 213 による引用。
（12）例えば Anm. 125, 3. Februar のような日記帳。
（13）《（一七四二年）一月六日マリエンボルンで生じた、私の愛する息子ダーフィトとの別れについての考え、そして私はそれをここヘルンフートで一月一四日知らされました。》UAH, R. 20. E. Nr. 32.
(14) SPANGENBERG, Leben, 2069.
(15) JANNASCH, 223 による引用。
(16) Ebd., 235.
(17) JANNASCH, 446-450 に掲載されている、《八月二一日ヒルシュホルムにおいて持たれた私の王妃への謁見についての短い報告》。それに続く引用文。
(18) 一七四二年八月二九日から一七四三年五月二二日までの、リヴォニアでの彼女の興味深い滞在とマリエンボルンへの復路の旅についていまは亡き母の日記帳、UAH, R.20.B. Nr. 9.8.
(19) SCHRAUTENBACH, Zinzendorf, 272.
(20) JANNASCH, 241 による引用。
(21) Ebd., 243.
(22) Ebd., 245.
(23) Ebd., 247.
(24) Ebd., 246.
(25) Ebd., 247.
(26) Ebd., 248.
(27) Ritschl Albrecht, Geschichte des Pietismus, Bd. 3, Bonn 1886, 330.

(28) JANNASCH, 250, Anm. による引用。

第六章　公的職務からの引退

(1) BEYREUTHER III, 231.
(2) MÜLLER, Zinzendorf, 80 による引用。
(3) JANNASCH, 257 による引用。
(4) Ebd., 296.
(5) ERBE, Herrnhaag, 34 による引用。
(6) ヨハネ一章二九節。
(7) JANNASCH, 218 による引用。
(8) Ebd., 226.
(9) エフェソ五章二三節。
(10) Gemeinreden, in: N. L. v. Zinzendorf, Hauptschriften, Bd. IV, Hildesheim 1963, 130.
(11) Ebd., 132.
(12) JANNASCH, 262 による引用。
(13) Gemeinreden, wie Anm. 149, 128.

(14) ERBE, Herrnhaag, 177 による引用。
(15) JANNASCH, 479 による引用。
(16) ERBE, Herrnhaag, 104.
(17) August Gottlieb Spangenberg, Apologetische Schlußschrift, in: N. L. v. Zinzendorf, Ergänzungsband III, Hildesheim 1964, 465.
(18) A. Volck, Das entdeckte Geheimnis der Bosheit der Herrnhuter Sekte, Frankfurt und Leipzig 1750, 656.
(19) JANNASCH, 456 による引用。
(20) Ebd., 262.
(21) Ebd., 473.
(22) Ebd., 473.
(23) ERBE, Herrnhaag, 109 による引用。
(24) ルカ二三章三一節。
(25) JANNASCH, 476 による引用。

（1）Brüderbote 1869, 89; Jannasch, Christian Renatus von Zinzendorf, in: ZBG III, 1909, 85による引用。
（2）JANNASCH, 291-292による引用。
（3）Ebd., 480.
（4）Ebd., 292.
（5）Ebd., 293.
（6）Ebd., 279.
（7）G. REICHEL, Spangenberg, 191による引用。
（8）BEYREUTHER III, 278.
（9）JANNASCH, 295による引用。
（10）Ebd., 295.
（11）Ebd., 306.
（12）Ebd., 297.
（13）Ebd., 298.
（14）SCHRAUTENBACH, Zinzendorf, 401.
（15）JANNASCH, 300による引用の、Tagebuch der Theodore von Reuß.
（16）JANNASCH, 301による引用の、Tagebuch des Ignatius.

(17) Tagebuch des Ignatius, 19. Juni 1756, UAH, R.21.A. Nr. 146.44.
(18) JANNASCH, 302による引用。
(19) Ebd., 301.
(20) Tagebuch des Ignatius, wie Anm. 185, 25. Jni 1756.
(21) シラ書四四章二〜五、一一〜一五節からの意訳、JANNASCH, 302による引用。
(22) イザヤ書四九章二三節を参照。
(23) JANNASCH, 306-307による引用。
(24) HAHN/REICHEL., 32による引用の、Zinzendorf in: »Naturelle Reflexionen«.
(25) SPANGENBERG, Leben, 2071.

あとがき

(1) Ebd., 2068.
(2) Herrnhuter Gesangbuch, wie Anm. 106: z.B. Nr. 515, 13; Nr. 1042, 10; Nr. 1083.
(3) ヨブ記四〇章四節。JANNASCH, 223を参照。
(4) Gesangbuch der Evangelischen Brüdergemeine, 2 Aufl., Herrnhut/Bad Boll, 1982, Nr. 328.

索引（地名・人名）

ロイス家とツィンツェンドルフ家の人々については、エルトムート・ドロテーアに対する親等関係を（　）内に記す。

〈ア行〉

〈カ行〉

〈サ行〉

〈タ行〉

〈ナ行〉

〈ハ行〉

〈マ行〉

〈ヤ行〉

〈ラ行〉

訳者あとがき

本書およびその著者の紹介

本書は Erika Geiger, Erdmuth Dorothea Gräfin von Zinzendorf, Die »Hausmutter« der Herrnhuter Brüdergemeine, Hänssler Verlag, 2000 の全訳である。これは、Erika Geiger, Nikolaus Ludwig von Zinzendorf, Seine Lebensgeschichte, Hänssler Verlag 1999 と対で出版されたものである。同じ著者によるこれらは恐らく、二〇〇〇年に迎えたツィンツェンドルフ夫妻の生誕三百年を記念するため出版されたものと思われる。

著者エリカ・ガイガー（旧姓ディーツフェルビンガー）は一九三七年に生まれ、一九六四年に結婚し、三人のお子さんたちがおられる。一昨年、すでに八〇歳になられたことになる。

著者は一九五七～一九六二年ミュンヘン、ヴィーエン、テュービンゲンで古典文献学と独語独文学を学び、その後一九六二年と一九六四年、ミュンヘンで教員試験を受け、一九六四〜一九六五年にはシュトゥットガルト近郊のコルンタル・ギムナジウム（小学校四年修了後進学できる九年生の高等学校）で、一九七二〜一九九七年にはミュンヘンにあるフリードリヒ‐オバーリン専門上級学校で教員資格試験合格者として勤務した。一九七二〜一九九八年には、ミュンヘンにある宗教教育学のための専門上級学校で新約聖書ギリシア語講師の委嘱を受けた。一九九三年から、（ツィンツェンドルフの著作の編集出版を目的とした）ツィンツェンドルフ研究会に協力し、ギリシア語本文の編集を委任されている。

彼女は多くの伝記を著し、二〇〇二年バイエルンの福音主義ルター派教会から「アルグーラ・フォン・グルムバッハ賞」を授けられた。これは、ベルンハルディン・フォン・シュタウフの娘としてバイエルンで生まれ、フリードリヒ・フォン・グルムバッハと結婚、その後、ドイツの宗教改革を支持して福音のために闘いルターの協力者となった、アルグーラ・フォン・グルムバッハ（一四九〇頃〜一五五四?年）に続く者として、一九九八年から授与されるようになった、教会における女性の業績を表彰し称揚するものである。著者により執筆された、ツィンツェンドルフ夫妻の伝記以外の著作は以下の通りである。

Wilhelm Löhe 1808-1872: Leben – Werk – Wirkung, Hänssler Verlag 2003.
Dem Herren musst du trauen: Paul Gerhardt – Prediger und Poet, Hänssler Verlag 2007.

本書の特徴

本書はモラヴィア人信仰難民たちとの関わりにより敬虔主義の指導者となったツィンツェンドルフ伯爵の妻となって夫の生涯の働きに深く関わり助けた伯爵夫人エルトムート・ドロテーアの伝記である。一八世紀前半における同時代のキリスト者である女性指導者についてのこの種の伝記は類書が極めて少ない。

本書では、著者の学歴や職歴、加えて原註からも分かる通り、夫であるツィンツェンドルフ伯爵を含め、深い関わりにあった人々とのあいだで交わされた手紙や日記、また同胞教団の讃美歌や記録などの諸資料から、彼女の人柄や性格のみならずその家族関係や責任重い働きによる活躍ぶりが明らかにされている。それらの背景をなすウェストファリア講和条約の体制下における為政者・聖職者・市民という三身分構成にあった、近代のドイツまたヨーロッパの政治的・社会的な諸関係も垣間見えるよう物語られている（このことについてはエーリッヒ・バイロイター著『ニコラウス・ルートヴィヒ・フォン・ツィンツェンドルフ』の「解説」をお読みいただきたい）。

驚くべきは何よりも、自らは第一身分にありながらドイツの敬虔主義運動に身をおき、その信仰の特徴的核心を体しながら、夫と共にあるいは夫に従って政治的・宗教的な障壁のみならず、身分格差という社会的な障壁をも越えて、教会共同体の形成と国内外の伝道を担い支えたという、近代の宣教に関与し尽力した女性指導者としての具体的な生き方が明らかにされていることである。現代のキリスト教と教会が受け継いでいる彼らの信仰の遺産への感謝と自覚とそれに基づく新たな挑戦を、私たちに促している。その意味で夫妻それぞれの伝記を通して彼らの生活と活動を立体的に理解していただきたいと願っている。

訳者は日本のキリスト教界における性差別をあまり意識してこなかった。しかし、アメリカ留学中にこの問題に気づかされ、その是正へのとり組みが必要であることを認識しつつ帰国した。本書は正面からそうした問題に取り組んでいるわけではないが、それに対する先駆的なとり組みがあったことも認識させてくれるであろう。

感　謝

本書は諸事情により、自ら版権を取得しての自費出版にせざるを得なかった。その経緯のなかで、本書の版権取得が必要となり、このため、リーベンゼラ宣教師ですでに退任帰国されていたトラウゴット・オッケルト師が、出版社との連絡・交渉先を調べ知らせてくださったという隠れたご労苦をここに記して感謝を表したい。またこの手続きのなかで、ドイツＳＣＭ出版社の担当者であるアカーマン氏を通じてお願いし、著者エリカ・ガイガー女史から「日本語版への序文」を書いていただいた。そればかりか、訳者の出版事情を知り版権取得費用の半額以上をご支援くださったこともここに記して謝意を表したい。本書の意義を述べて日本でも多くの読者に本書が見いだされることを願う、著者の熱意が豊かな実を結ぶよう、訳者としても祈らざるを得ない。

翻訳作業において、当時の手紙文の、とくに難しいドイツ語の表現について、恩師の徳善義和氏にご教示いただいた。また出版事情厳しいなか、恩師の清重尚弘氏には、ツィンツェンドルフ夫妻の伝記を対として出版するよう促し励まし続けてくださったばかりか、校正のため原稿すべてに目を通して朱を入れていただいた。長年にわたる両恩師との交わりを感謝するとともに、本書に関するご教示とご援助に深謝申し上げたい。

また、著者も伝記主人公も女性であるので、国語教諭であった友人の伊藤正子さんには、訳文全体に目を通していただき、とくに日本文としての正誤や女性らしい表現か否かを観て、修正提案をしていただいた。心から御礼を申し上げたい。

それでもなお訳文の誤りや不適切な表現がないとは限らない。すべて訳者の責任である。賢明なる読者の叱正と教示をお願いしたいと思う。

最後になったが、訳者の願いに応じて、快く出版を引き受けて刊行に至るまで忍耐強くかつ着実に仕事を進めてくださった、出版社リトンの大石昌孝氏には、心からの感謝を捧げるものである。

二〇一九年九月

訳　者

著者紹介

エリカ・ガイガー　Erika Geiger

1937 年生まれ。
1957-62 年ミュンヘン、ヴィーエン、テュービンゲンで古典文献学と独語独文学を学ぶ。
1964-97 年、教員資格試験合格者として、コルンタル・ギムナジウム、フリードリヒ - オバーリン専門上級学校に勤務。
1972-98 年、ミュンヘンの専門上級学校で新約聖書ギリシア語講師の委嘱を受けた。1993 年から、ツィンツェンドルフ研究会に協力し、ギリシア語本文の編集を委任されている。彼女は多くの伝記を著し、2002 年バイエルンの福音主義ルター派教会から「アルグーラ・フォン・グルムバッハ賞」を受賞。

訳者紹介

梅田　與四男（うめだ　よしお）

1950 年 8 月新潟県生まれ。1967 年 7 月、日本聖契キリスト教団長岡教会にて受洗。現在、日本キリスト教団正教師。
訳書　デイル・ブラウン著『敬虔主義――そのルーツからの新しい発見』（キリスト新聞社、2006 年）、ヨハネス・ヴァルマン著『ドイツ敬虔主義』（日本キリスト教団出版局、2012 年）。

エルトムート・ドロテーア
フォン・ツィンツェンドルフ伯爵夫人
――ヘルンフート同胞教団の母

発行日　2019 年 10 月 30 日

著　者　エリカ・ガイガー
訳　者　梅田 與四男
発行者　大石 昌孝
発行所　有限会社リトン
101-0061　東京都千代田区神田三崎町 2 -9-5-402
TEL 03-3238-7678　FAX 03-3238-7638

印刷所　株式会社ＴＯＰ印刷
ISBN978-4-86376-077-6　<Printed in Japan>

ルター選集 1

ルターの祈り

石居正己 編訳●四六判上製　119 頁　定価：本体 1,200 円＋税

愛するペーター親方よ、私は自分がどのように祈っているか、祈る時にどのようにふるまっているかを、できるだけうまくあなたに示そう。私たちの主なる神が、それよりもっとよく祈ることができるように、あなたにも、またあらゆる人にも教えてくださるように。アーメン（「単純な祈りの仕方」より）

ISBN978-4-86376-032-5

マルチン・ルター――原典による信仰と思想

徳善義和 編著● A5 判上製　239 頁　定価：本体 3,000 円＋税

信仰の改革者、教会の改革者としての宗教改革者ルターの思想について、その「信仰と思想」という面から主な著作を通して抄を試み、ルターの信仰と思想の核心を示した。

この本が私の本来の、ひそかな願いに適って、ひとりひとりの読者の方がルターの信仰の一端に触れて、信仰の学びとし、現代の混沌の中で「生かされて、生きる」自らを発見するものとなりえるよう願っています。（「あとがき」より）

ISBN978-4-947668-64-6

ルターの慰めと励ましの手紙

タッパート 編・内海 望 訳

●A 5 判上製　461 頁　定価：本体 6,000 円+税

本書は 203 篇の手紙等を、11 のテーマ毎に時系列に並べて編集されています。従って、1519 年のルターと 1545 年のルターとを比較することができます。そこに見えてくるのは、ルターの神学（福音理解）の一貫性です。牧会者としてのルターは、状況の中で一所懸命に、彼が聖書から再発見した「福音に生きる喜び」を人々に伝えようとしています。宛先は、福音主義を信奉するが故に獄につながれている人、犯罪者、死に直面している人、愛する者を失い悲嘆の中にある人々、学生、同労の牧師、長男ハンス、妻ケーテ、領主、あらゆる人々を含みます。また、同僚の牧師に対する実際的なアドバイスもあります。（「訳者あとがき」より）

ISBN978-4-947668-76-9